Reihe herausgegeben von
Springer Fachmedien Wiesbaden
Wiesbaden, Deutschland

Quick Guides liefern schnell erschließbares, kompaktes und umsetzungsorientiertes Wissen. Leser erhalten mit den Quick Guides verlässliche Fachinformationen, um mitreden, fundiert entscheiden und direkt handeln zu können.

Jörg Blechschmidt

Quick Guide Trendmanagement

Wie Sie Trendwissen in Ihrem Unternehmen wirksam nutzen

2., aktualisierte und erweiterte Auflage

Jörg Blechschmidt
Zornheim, Deutschland

ISSN 2662-9240   ISSN 2662-9259   (electronic)
Quick Guide
ISBN 978-3-662-69194-6   ISBN 978-3-662-69195-3   (eBook)
https://doi.org/10.1007/978-3-662-69195-3

Die Deutsche Nationalbibliothek verzeichnet diese Publikation in der Deutschen Nationalbibliografie; detaillierte bibliografische Daten sind im Internet über https://portal.dnb.de abrufbar.

© Der/die Herausgeber bzw. der/die Autor(en), exklusiv lizenziert an Springer-Verlag GmbH, DE, ein Teil von Springer Nature 2020, 2024

Das Werk einschließlich aller seiner Teile ist urheberrechtlich geschützt. Jede Verwertung, die nicht ausdrücklich vom Urheberrechtsgesetz zugelassen ist, bedarf der vorherigen Zustimmung des Verlags. Das gilt insbesondere für Vervielfältigungen, Bearbeitungen, Übersetzungen, Mikroverfilmungen und die Einspeicherung und Verarbeitung in elektronischen Systemen.
Die Wiedergabe von allgemein beschreibenden Bezeichnungen, Marken, Unternehmensnamen etc. in diesem Werk bedeutet nicht, dass diese frei durch jedermann benutzt werden dürfen. Die Berechtigung zur Benutzung unterliegt, auch ohne gesonderten Hinweis hierzu, den Regeln des Markenrechts. Die Rechte des jeweiligen Zeicheninhabers sind zu beachten.
Der Verlag, die Autoren und die Herausgeber gehen davon aus, dass die Angaben und Informationen in diesem Werk zum Zeitpunkt der Veröffentlichung vollständig und korrekt sind. Weder der Verlag noch die Autoren oder die Herausgeber übernehmen, ausdrücklich oder implizit, Gewähr für den Inhalt des Werkes, etwaige Fehler oder Äußerungen. Der Verlag bleibt im Hinblick auf geografische Zuordnungen und Gebietsbezeichnungen in veröffentlichten Karten und Institutionsadressen neutral.

Planung/Lektorat: Mareike Teichmann
Springer Gabler ist ein Imprint der eingetragenen Gesellschaft Springer-Verlag GmbH, DE und ist ein Teil von Springer Nature.
Die Anschrift der Gesellschaft ist: Heidelberger Platz 3, 14197 Berlin, Germany

Wenn Sie dieses Produkt entsorgen, geben Sie das Papier bitte zum Recycling.

Vorwort

Die Zukunft ist ein spannendes Thema. Wir sind fasziniert von den unendlichen Möglichkeiten, die sich ergeben können. Wir sind schockiert von den unglaublichen Bedrohungen, die ebenfalls Realität werden könnten. Ganze Branchen leben von den Hoffnungen und Ängsten, die Menschen mit der Zukunft verbinden. Während viele dieser Hoffnungen und Ängste einer nüchternen Betrachtung nicht standhalten, sind andere durchaus gerechtfertigt und dürfen nicht ignoriert werden.

Wenn wir über Zukunft sprechen, dann meinen wir aber nicht nur die Welt in 10 oder 20 Jahren. Praktisch jede unserer heutigen, ganz persönlichen Entscheidungen beruht auf oft unbewussten Annahmen über die Zukunft. Wir kaufen uns ein neues Kleidungsstück, weil wir fest davon überzeugt sind, es oft und gerne zu tragen, und stellen ein Jahr später fest, dass es doch nur im Kleiderschrank hing. Wir entscheiden uns für einen Ausbildungsplatz in der Annahme, damit einen aussichtsreichen Berufspfad einzuschlagen, und finden uns nach wenigen Jahren in einer ganz anderen Tätigkeit wieder. Viele der kleinen Entscheidungen sind nicht so wichtig, um sie intensiv vorher abprüfen zu müssen. Bei manchen bereut man es später doch, es nicht getan zu haben.

Genau diese Situation finden wir in Wirtschaftsunternehmen tagtäglich. Dort werden Projekte gestartet oder gestoppt, Unternehmensbereiche neu aufgebaut oder verkauft, Menschen eingestellt oder entlassen. Viele dieser Entscheidungen können nicht wieder rückgängig gemacht werden, haben aber einen enormen Einfluss auf den wirtschaftlichen Erfolg des Unternehmens und auf die persönlichen Schicksale vieler Mitarbeiter. Und alle diese Entscheidungen beruhen auf Annahmen über zukünftige Entwicklungen der Märkte, in denen das Unternehmen agiert, der Gesellschaft, aus denen die Kunden des Unternehmens kommen, und der Technologien, die in der Produktion eingesetzt werden oder auf denen die Produkte des Unternehmens beruhen. So ist es nicht verwunderlich, dass Unternehmen viel Aufwand in das Verständnis zukünftiger Entwicklungen stecken. Daher hat sich in vielen Unternehmen das Trendmanagement als ein wichtiger Baustein etabliert.

Trendmanagement richtet den Blick vom Unternehmen nach außen. Es analysiert die Entwicklungen des wirtschaftlichen Umfelds und interpretiert diese auf die individuelle Situation des Unternehmens. Da strategische Entscheidungen die Ausrichtung eines Unternehmens auf viele Jahre hin beeinflussen, muss auch das Trendmanagement ähnlich weit in die Zukunft blicken – eine Zukunft, die heute noch gar nicht bestimmt ist. Das Trendmanagement arbeitet daher im Spannungsfeld zwischen weichen Zukunftsbildern und harten unternehmerischen Entscheidungen. Eine unsichere Zukunft trifft auf Fakten-orientierte Manager. Diese beiden Welten zu vereinen, ist die große Herausforderung.

Hier zeigt das Trendmanagement seine Stärken. Da Trends bereits in der Gegenwart sichtbar sind, ermöglichen sie einen analytischen Zugang zur Zukunft. Die Ergebnisse lassen sich gut begründen und entsprechen damit den Erwartungen rational geschulter Manager. Dies kann jedoch zur Unterschätzung bestehender Unsicherheiten führen. In Zeiten hoher Dynamik sind andere Methoden der Zukunftsforschung wie Szenariotechniken oder das Arbeiten mit Wildcards besser geeignet.

Für ein gutes Trendmanagement ist ein solides Verständnis der grundlegenden Konzepte und methodischen Vorgehensweisen erforderlich. Der Umgang mit unscharfen Informationen, alternativen Entwicklungspfaden und der Gefahr noch unbekannter, überraschender Ereignisse erfordert eine besondere Vorgehensweise. In diesem Buch ergänzen handwerkliche Tipps aus der unternehmerischen Anwendung die Theorie. Denn erst, wenn die Trendanalyse zu positiven Veränderungen im Unternehmen führt, hat das Trendmanagement seine Aufgabe erfüllt.

Dazu startet das Buch zunächst mit einer kurzen Einführung in grundlegende Begriffe und Eigenschaften von Trends und gibt einen Überblick, für welche Aufgaben in Unternehmen Trendwissen genutzt werden kann. Nach der Erläuterung des Vorgehens bei der Recherche und Analyse von relevanten Informationen werden mit der Trendstudie und dem Trendradar die wesentlichen Ergebnisformate der Trendanalyse eingeführt. Wie ein systematisches Trendmanagement in Unternehmen etabliert werden kann, erfahren Sie am Ende des Buches. So gewinnen Sie ein breites Verständnis aller grundlegenden Aspekte des Trendmanagements und sollten in der Lage sein, selbst Trends zu analysieren bzw. in Ihrem Unternehmen ein eigenes Trendmanagement zu installieren. Die Hinweise zum *Transfer in die Praxis* am Ende jeden Kapitels leiten Sie durch den Prozess.

Die zweite, überarbeitete Auflage enthält weitere methodische Ansätze, wie das Zukünfte-Dreieck (Kapitel 4) und das Futures Wheel (Kapitel 5). Beide Methoden sind bereits seit längerem bekannt und werden inzwischen zunehmend in der Praxis eingesetzt. Künstliche Intelligenz ist nicht nur ein spannender Trend, sondern hat sich in den letzten Jahren auch als nützliches Werkzeug erwiesen. Näheres zum Einsatz von künstlicher Intelligenz im Trendmanagement finden Sie nun in Kapitel 9. Darüber hinaus wurden verschiedene Passagen überarbeitet und Beispiele aktualisiert. Damit bleibt der Quick Guide auf dem aktuellen Stand der Trendmanagement-Praxis im Unternehmenskontext.

Um aber die Euphorie zu bremsen: Die Zukunft bleibt weiter ungewiss. Sie wird uns immer wieder überraschen, im Positiven wie im Negativen. Auch nach der Lektüre dieses Buches werden Sie nicht die Zukunft vorhersagen können. Dennoch werden Ihre Empfehlungen oder Entscheidungen zu besseren Ergebnissen führen.

Dieses Buch basiert auf eigenen Erfahrungen in der unternehmerischen Anwendung, auf wissenschaftlicher und anwendungsorientierter Literatur sowie auf zahlreichen Gesprächen mit anderen Trendmanagern. Sowohl der interessierte Neueinsteiger wie auch der erfahrene Trendmanager sollten vielfältige Impulse mitnehmen können und damit in der Lage sein, Trends (noch besser) zu bewerten und konkrete Ergebnisse abzuleiten. Da es aber keine Vorgehensweise gibt, die zu allen Unternehmen gleich gut passt, werden Sie die für Sie zielführende Arbeitsweise selbst finden und etablieren müssen.

Dabei wünsche ich Ihnen viel Erfolg!

Zornheim, Deutschland   Jörg Blechschmidt

Inhaltsverzeichnis

1	**Über Trends im Allgemeinen**	1
	1.1 Zukunft	1
	1.2 Ausbreitung von Innovationen	3
	1.3 Gartner Hype Cycle	6
	1.4 Trends	9
	1.5 Trenderkennung	14
	1.6 Trendtypen	17
	Literatur	23
2	**Exkurs: Umgang mit unscharfen Informationen**	25
3	**Trendanalyse in Unternehmen**	29
	3.1 Unternehmerische Entscheidungen	29
	3.2 Einsatzbereiche	31
	3.3 Organisatorische Verankerung	40
4	**Trendrecherche: Trendinformationen sammeln**	43
	4.1 Recherche	43
	4.2 Recherchequellen	45
	4.3 Zeithorizonte	49
	Literatur	57

5	**Trendanalyse: Auswirkungen verstehen**	59
	5.1 Analyse	59
	5.2 Trendmikrokosmos	60
	5.3 Zeitliche Entwicklung	65
	5.4 Interpretation	70
	5.5 Futures Wheel	73
6	**Exkurs: Denkfallen bei der Trendanalyse**	77
	Literatur	83
7	**Trendstudie: Tiefenanalyse eines Trends**	85
	7.1 Konzept	85
	7.2 Umsetzung	87
	7.3 Dokumentation	89
	7.4 Einsatzfelder	92
8	**Trendradar: Übersicht der relevanten Trends**	95
	8.1 Konzept	95
	8.2 Umsetzung	102
	8.3 Dokumentation	107
	8.4 Einsatzfelder	109
	Literatur	111
9	**Trendmanagement als Unternehmensfunktion**	113
	9.1 Tätigkeiten	113
	9.2 Implementierung	118
	9.3 Entscheidungen herbeiführen	121
	9.4 Handwerkliche Tipps	125
	9.5 Künstliche Intelligenz im Trendmanagement	129
	Literatur	132
10	**Ein Wort zum Schluss**	133
	Literatur	135

1
Über Trends im Allgemeinen

> **Was Sie aus diesem Kapitel mitnehmen**
>
> - Warum wir uns mit der Zukunft beschäftigen.
> - Was Trends sind.
> - Wie sich Trends über die Zeit entwickeln.
> - Welche Typen von Trends es gibt.

1.1 Zukunft

Die Zukunft ist die Zeit nach der Gegenwart. Sie existiert heute nur als Vorstellung in unseren Köpfen. Daher gibt es auch nicht *die eine* Zukunft. Aufgrund der individuellen Situation, seiner Vergangenheit, seines Wissens, des Kulturkreises und vieler anderer Faktoren hat jeder Mensch eine andere Vorstellung von der Zukunft. Wie die Zukunft dann wirklich sein wird, wissen wir erst, wenn sie zur Gegenwart geworden ist.

Daher kann es auch keine objektiv richtigen Aussagen über die Zukunft geben. Wir bilden unsere Vorstellung der Zukunft auf Ideen,

Vermutungen und im besten Fall konkreten Prognosen. Diese basieren dabei immer auf Annahmen, die richtig oder falsch, ungenau oder unvollständig sein können. Auch können unerwartete Ereignisse ursprünglich realistisch erscheinende Prognosen hinfällig werden lassen.

Die Eintrittswahrscheinlichkeit von Prognosen hängt dabei von der Art des betrachteten Bereichs ab. Manche Bereiche verändern sich sehr langsam und sind stabil gegenüber äußeren Einflüssen. Eine gute Kenntnis der grundlegenden Mechanismen kann dann zu einer hohen Prognosesicherheit führen. Dann gibt es hoch dynamische Bereiche, die aufgrund ihrer Komplexität schwer vorhersagbar sind oder empfindlich auf externe Einflüsse reagieren. Aus der Chaostheorie kennen wir Systeme, bei denen kleinste Änderungen in Ausgangswerten zu enormen Änderungen im Langzeitverhalten führen, der sogenannte Schmetterlingseffekt. So sind stark regulierte Märkte träge gegenüber Veränderungen, das Umfeld von neuen Digitaltechnologien aber hoch dynamisch und entsprechend schlechter vorhersehbar.

Am einfachsten wäre sicherlich, könnte man die Zukunft so nehmen, wie sie kommt. Allerdings werden wir immer wieder vor eine Wahl gestellt und müssen Entscheidungen treffen, die nicht nur unsere persönliche Zukunft verändern werden, sondern zudem Einfluss auf die Zukunft vieler anderer Personen haben können. So treffen wir Entscheidungen in der Regel so, dass sie für uns eine positivere Zukunft bedeuten. Wir beschäftigen uns also bewusst oder unbewusst mit der Zukunft.

> Allen Entscheidungen liegen Annahmen über die Zukunft zu Grunde.

Bei der Wahl einer Ausbildung nehmen wir an, dass wir darüber eine Arbeitsstelle antreten können, die uns Spaß macht und attraktiv vergütet wird. Bei einer Investitionsentscheidung eines Unternehmens geht das Management davon aus, dass die eingesetzten finanziellen und personellen Ressourcen in einem definierten Zeitraum dem Unternehmen mit einer attraktiven Verzinsung wieder zurückfließen. Im Lotto wetten wir darauf, dass die von uns gewählte Zahlenkombination bei der nächsten Auslosung mit höherer Wahrscheinlichkeit gezogen wird als andere Zahlen – auch wenn wir rational wissen, dass dies nicht sein kann.

Die Zukunft kann nicht vorhergesagt werden. Die hohe Komplexität und die vielen Unwägbarkeiten bei der Beschäftigung mit der Zukunft erschweren eine zuverlässige Prognose [11]. Und kaum eine Prognose wird exakt eintreffen. Dennoch führt ein methodisch fundiertes Vorgehen zu einer guten Einschätzung möglicher Zukünfte und kann heutige Entscheidungen signifikant verbessern.

> Wir beschäftigen uns mit der Zukunft, um in der Gegenwart bessere Entscheidungen zu treffen.

Gerade im Unternehmenskontext geht es meist um konkrete Fragestellungen, die unter Berücksichtigung möglicher zukünftiger Entwicklungen beantwortet werden sollen. Die Komplexität der Zukunftsbetrachtung reduziert sich dabei auf solche Aspekte, die für die jeweilige Entscheidung relevant sind. Auch die Genauigkeit der erforderlichen Betrachtung kann am konkreten Problem festgemacht werden. Es ist keine exakte Prognose erforderlich. Die Zukunftsbetrachtung muss nur gut genug sein, um die geplante Entscheidung zu ermöglichen. Erst durch diese Reduzierung der Komplexität wird der Umgang mit der Zukunft überhaupt handhabbar.

1.2 Ausbreitung von Innovationen

So ungewiss und dynamisch die Zukunft auch ist, so gibt es doch verschiedene Muster der Entwicklung, die sich immer wiederfinden. Ein Beispiel dafür ist das von Everett Rogers [1] entwickelte Diffusionsmodell (Abb. 1.1). Es beschreibt die Ausbreitung von Innovationen in einer Gesellschaft. Dabei konzentriert es sich auf die Reaktion von Menschen auf Veränderungen, unabhängig von der Art der Neuerung. Das können Produktinnovationen sein, aber auch ein geändertes Nutzungsverhalten, neue Lebenseinstellungen, Verhaltensweisen und vieles mehr. Entscheidend ist, dass die Änderung von den jeweiligen Personen

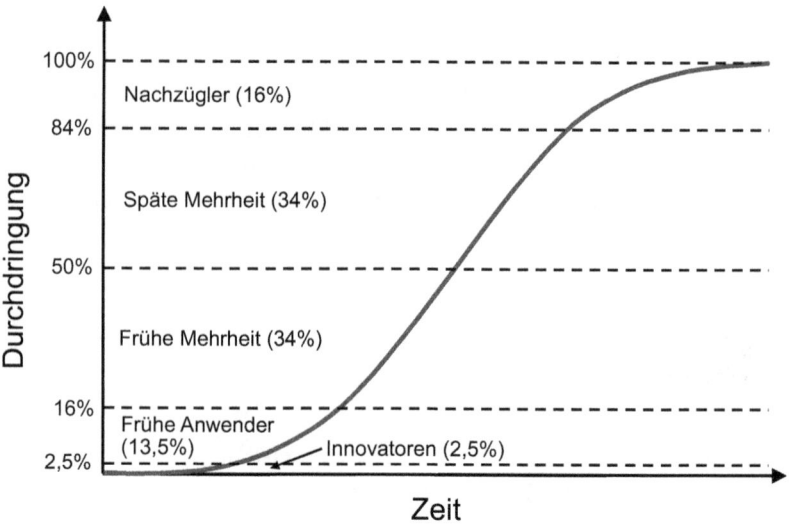

Abb. 1.1 Diffusionsmodell nach Rogers, eigene Darstellung nach [1]

als neu empfunden wird. Das Diffusionsmodell beschreibt damit einen grundlegenden Mechanismus vieler Trends.

Im Diffusionsmodell sind es die *Innovatoren*, die als erste Gruppe von Personen eine Neuerung annehmen. Sie sind neugierig, risikofreudig und offen für Veränderungen. Ihre überregionale Vernetzung führt dazu, dass sie Neuerungen früh erkennen und für sich in Erwägung ziehen. Einerseits akzeptieren sie ein noch nicht ausgereiftes Produkt, andererseits können sie mit gelegentlichen Rückschlägen umgehen. Die besondere Rolle der Innovatoren ist es, eine Innovation in ein neues Umfeld zu bringen und damit seine Verbreitung überhaupt erst zu ermöglichen.

Frühe Anwender sind eher regional orientiert. Sie erkennen Neuerungen in ihrem direkten Umfeld und orientieren sich an Erfahrungen der Innovatoren. Dabei sind sie wählerischer und weniger risikofreudig. Neuerungen kommen für sie erst in Frage, wenn sich ein relativer Mehrwert gegenüber dem Status Quo abzeichnet. Über ihre regionale Vernetzung fungieren sie als Multiplikatoren im spezifischen Umfeld.

Durch die zunehmende Sichtbarkeit der Innovation steigt auch das Interesse der *frühen Mehrheit*. Diese ist Neuerungen gegenüber zwar offen eingestellt, wartet aber zunächst den Nachweis des konkreten Nutzens ab. Für sie reicht das theoretische Verständnis nicht aus, sie lassen sich viel mehr durch das Vorbild der frühen Anwender und persönliche Empfehlungen überzeugen.

Mit diesen drei Gruppen ist etwa die Hälfte der potenziellen Nutzer gewonnen, was die *späte Mehrheit* unter Zugzwang setzt. Diese Personengruppe ist Neuerungen gegenüber skeptisch eingestellt und hat eine geringe Eigenmotivation, eingeschliffene Verhaltensweisen zu ändern. Zu diesem Zeitpunkt gerät sie aber gegenüber der frühen Mehrheit in einen beständig größer werdenden Nachteil, so dass auch sie irgendwann aktiv werden muss.

Nachzügler sind mit dem Status Quo zufrieden und lehnen Innovationen oft pauschal ab, da sie für sich keinen Änderungsbedarf erkennen. Sie stellen die letzte Personengruppe dar, die eine Neuerung annimmt, dies oft aufgrund äußerer Zwänge. So kann das Festhalten an alten Vorgehensweisen aufgrund des kleiner werdenden Volumens mit der Zeit teurer werden. Oder Normen und Vorschriften passen sich den neuen Gegebenheiten an und drängen den alten Status Quo zurück.

Der Mechanismus hinter dem Diffusionsmodell liegt in der Kommunikation der Innovation zwischen den einzelnen Akteuren. Diese müssen vom erlernten und bewährten Vorgehen abweichen und die mit einer Neuerung verbundenen Unsicherheit überwinden. Die verschiedenen Personengruppen unterscheiden sich im Diffusionsmodell im Wesentlichen durch die Art, wie sie mit Unsicherheiten umgehen. So entwickelt sich jede Innovation immer auch über ihre Wechselwirkung mit und zwischen Menschen. Selbst sehr spezifische Technologietrends können daher nie allein aus der Technologie heraus betrachtet werden.

Einzelne Personen gehören dabei nicht immer derselben Gruppe an. So können beispielsweise technologie-affine Menschen bei technologischen Neuerungen zu den Frühen Anwendern oder sogar den Innovatoren gehören, bei gesellschaftlichen Neuerungen aber die Rolle der Nachzügler einnehmen. Zudem betrifft die Marktdurchdringung nicht unbedingt die gesamte Gesellschaft, sondern jeweils nur den relevanten

Teil, wie etwa ein bestimmtes Land oder eine spezifische Gesellschaftsschicht. Innovationen im Maschinenbau werden sich auf die Hersteller und Anwender von Maschinen auswirken und nur indirekt, etwa über geringere Herstellkosten und damit günstigere Preise, auf einen größeren Bevölkerungskreis.

Das Diffusionsmodell geht in seiner Grundform von einer einzelnen Innovation aus. Dabei berücksichtigt es bereits, dass rund um die ursprüngliche Innovation weitere Innovationen entstehen oder sich die ursprüngliche Innovation im Verlauf weiterentwickelt. Beides kann zu einer beschleunigten Durchdringung führen, wobei der grundsätzliche Verlauf der Kurve unverändert bleibt. Anstelle von einzelnen Innovationen reden wir dann von Innovationsclustern.

Die vom Diffusionsmodell beschriebene Ausbreitung von Innovationen ist ein grundlegender Mechanismus vieler Trends. Neben der auslösenden Innovation, die nicht zwangsläufig technischer Natur sein muss, spielt dabei die Kommunikation zwischen den einzelnen Akteuren eine entscheidende Rolle. Die Entwicklung der Zukunft ist somit immer ein Wechselspiel verschiedenster Faktoren. Bei Trends ist ein gleichförmiger Verlauf, wie er vom Diffusionsmodell beschrieben wird, allerdings die Ausnahme.

1.3 Gartner Hype Cycle

Zur Beschreibung der Ausbreitung von Technologien hat die Firma Gartner [2] den Hype Cycle (Abb. 1.2) entwickelt. Der Gartner Hype Cycle bietet eine grafische Darstellung der Reife und Akzeptanz von Technologien und Anwendungen sowie ihrer potenziellen Relevanz für die Lösung realer Geschäftsprobleme und die Nutzung neuer Möglichkeiten. Die Gartner Hype Cycle-Methodik gibt einen Überblick über die Entwicklung einer Technologie oder Anwendung im Zeitverlauf und bietet eine fundierte Erkenntnisquelle für die Nutzung im Kontext spezifischer Geschäftsziele.

Im Unterschied zum Diffusionsmodell steht nicht die Marktdurchdringung im Vordergrund, sondern die Erwartungshaltung der Öffentlichkeit, die einer Technologie entgegengebracht wird. Das Modell

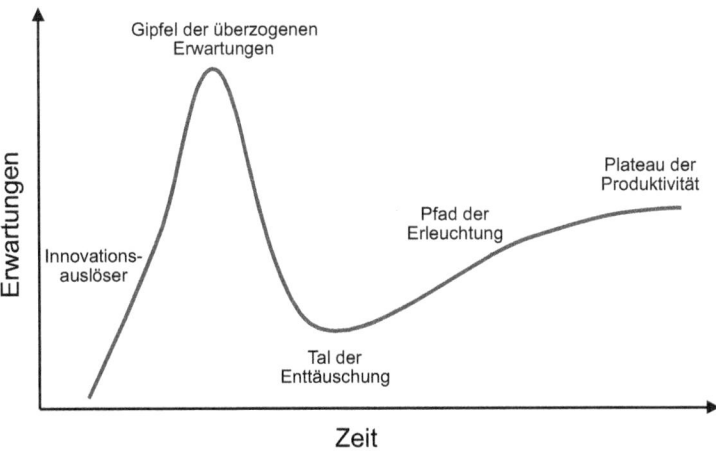

Abb. 1.2 Gartner Hype Cycle, eigene Darstellung nach [2]

basiert auf der Beobachtung, dass viele Technologien durch eine Phase der übersteigerten Erwartung, eines Hypes, laufen, bevor sie an breiter Akzeptanz gewinnen. So kann einer Technologie über leicht zugängliche Informationen eine Position auf dem Hype Cycle zugeordnet und die Reife unterschiedlicher Technologien miteinander verglichen werden.

Der Hype Cycle gliedert sich in fünf Schlüsselphasen, die Gartner folgendermaßen beschreibt:

1. *Innovationsauslöser:* Ein potenzieller technologischer Durchbruch startet. Frühe Berichte über Machbarkeitsstudien und ein großes Medieninteresse erzeugen eine erhebliche Aufmerksamkeit. Oft existieren zu diesem Zeitpunkt weder verwendbare Produkte noch ist die wirtschaftliche Tragfähigkeit bewiesen.
2. *Gipfel der überzogenen Erwartungen:* Frühe Öffentlichkeitsarbeit bringt eine Reihe von Erfolgsgeschichten hervor – oft noch begleitet von Dutzenden von Fehlversuchen. Einige Unternehmen ergreifen erste Maßnahmen, viele andere noch nicht.
3. *Tal der Enttäuschung:* Das Interesse schwindet, da viele Versuche und Implementierungen nicht erfolgreich sind. Anbieter der Technologie geraten in Schieflage oder scheitern. Investitionen werden nur

fortgesetzt, wenn die überlebenden Anbieter ihre Produkte zur Zufriedenheit der frühen Anwender verbessern.
4. *Pfad der Erleuchtung:* Weitere Beispiele für den Nutzen der Technologie kristallisieren sich heraus und werden umfassender verstanden. Technologieanbieter bringen Produkte der zweiten und dritten Generation heraus. Mehr Unternehmen finanzieren Piloten; konservative Unternehmen bleiben aber weiterhin vorsichtig.
5. *Plateau der Produktivität:* Die Akzeptanz nimmt jetzt in der Breite zu. Die Lebensfähigkeit der Anbieter zeichnet sich ab. Die breite Anwendbarkeit und die Relevanz der Technologie zahlt sich letztendlich aus.

Auch im Gartner Hype Cycle zeigt sich die Wechselwirkung zwischen Technologien und der Gesellschaft. Eine Technologie entwickelt sich nicht aus sich selbst heraus, sondern hängt von der Akzeptanz von Gesellschaft und Anwender, der Psychologie der Massen, den Einschätzungen von Geldgebern, politischen Entscheidungen und vielen anderen Faktoren ab.

Es ist wichtig zu beachten, dass viele neue Technologien auch scheitern. Oft kann der erwartete Nutzen nicht realisiert werden. Oder es entwickeln sich andere, bessere Technologien mit einem höheren Nutzen, die die älteren verdrängen. Nicht selten setzen sich auch weniger gute Technologien durch, denen aber eine höhere finanzielle Unterstützung zuteilwird oder deren Anbieter eine hohe Marktmacht besitzen. Insbesondere die schwierige Situation im Tal der Enttäuschung führt oft zu einem Aus der Technologie. Dann verschwinden Technologien wieder vom Hype Cycle.

Der Gartner Hype Cyle ist eine gute Abstraktion zur Interpretation des Zustands einer Technologie und lässt somit Rückschlüsse auf die weitere Entwicklung zu.

1.4 Trends

Trends kennen wir etwa aus der Mode, der Finanzwelt und der Mathematik. Unabhängig vom Zusammenhang beschreiben sie immer Veränderungen, die sich über einen gewissen Zeitraum fortsetzen. Darüber hinaus gibt es keine allgemeingültige Definition für Trends. Auch im allgemeinen Sprachgebrauch ist die Verwendung des Begriffs nicht eindeutig.

Häufig werden Trends als real existierende Entwicklungen angesehen, die zuerst entdeckt, dann beschrieben und analysiert werden. In der Praxis zeigt sich aber, dass verschiedene Trendinstitute Veränderungen durch unterschiedliche Trends beschreiben, diese unterschiedlich gruppieren und oft auch zu unterschiedlichen Erkenntnissen gelangen. Damit ergibt sich die Frage, welches Institut den wirklichen Trend erkannt und welches Institut schlechte Arbeit geleistet hat – eine wenig zielführende Diskussion. Für unsere Zwecke wollen wir von dem Konzept „realer" Trends abweichen und einen pragmatischen Ansatz wählen.

> Ein **Trend** ist ein theoretisches Konstrukt zur Vereinfachung der Beschäftigung mit der Zukunft.

Damit ist ein Trend ein methodisches Hilfsmittel, um komplexe Veränderungen handhabbar zu machen. Dafür fasst er viele einzelne Beobachtungen zu einer übergreifenden Entwicklung zusammen. Jede einzelne Beobachtung für sich besitzt wenig Aussagekraft und kann vielleicht ein zufälliges Ereignis gewesen sein. Die Summe vieler ähnlich gelagerter Beobachtungen gibt einer Veränderung eine grundlegendere Bedeutung. Sie reduziert die Möglichkeit des Zufalls und erlaubt die Ableitung eines größeren Musters. Die Zusammenfassung als Trend reduziert damit die Komplexität einzelner Beobachtungen auf eine übergreifende Entwicklung.

Dabei ist zunächst einmal egal, über welchen Zeitraum diese Entwicklung anhält. Auch hier bietet sich ein pragmatischer Ansatz an, der sich aus der Zielsetzung der Analyse ableitet. Interessieren wir uns für die Modefarben der nächsten Saison, dann sind Trends in Zeiträumen von Monaten von Interesse. Besteht die Aufgabe darin, ein Unternehmen neu auszurichten, dann werden über Jahre und Jahrzehnte anhaltende Trends bedeutsam.

Mit der Postulierung eines Trends trifft man die Annahme, dass die Vielzahl der einzelnen Beobachtungen in einem Zusammenhang stehen und das vermutete Muster grundsätzlich in die Zukunft extrapoliert werden kann. Auch die Beschreibung des Trends ist bereits eine Interpretation hinsichtlich der erwarteten Zukunft. So kann es sein, dass einzelne Beobachtungen im Kontext an Bedeutung verlieren, andere wiederum stärker zum Ausdruck kommen oder weitere unerwartete hinzukommen. Im Verlauf der Zeit und basierend auf vielen weiteren Beobachtungen kann sich so die Interpretation eines Trends ändern bis hin zu der Erkenntnis, dass der ursprünglich postulierte Trend doch keiner ist.

Für die Trendanalyse wäre es ideal, wenn alle Trends voneinander unabhängig wären. Dann könnte jeder Trend für sich analysiert und seine Auswirkungen auf ein Unternehmen losgelöst von weiteren Trends betrachtet werden. Dies ist in der Regel aber nicht der Fall. Das Diffusionsmodell und der Hype Cycle sind Beispiele für die intensive Wechselwirkung zwischen einer Innovation bzw. einer Technologie mit der Gesellschaft. Reale Beobachtungen spiegeln eine Vielfalt unterschiedlichster Mechanismen wider. Diese Interaktionen sind wesentliche Bestandteile der Dynamik. Trends wechselwirken untereinander und mit der Umwelt, haben Schübe, Hypes und Stillstände. Gelegentliche Rückentwicklungen sind keine Seltenheit.

Auch können gegenläufige Trends parallel existieren. Zum Trend der Urbanisierung, also des Anwachsens der Stadtbevölkerung durch Zuzug aus ländlichen Regionen, gibt es den Gegentrend der Stadtflucht, bei dem Menschen das hektische Leben der Stadt verlassen, um ihren Lebensmittelpunkt in ruhigere, dünn besiedelte Gebiete zu verlegen. Während die Urbanisierung ein starker, globaler Trend ist, bezieht sich die Stadtflucht auf bestimmte Regionen und Personengruppen.

Selbst Trends, die sich dem direkten Einfluss eines Unternehmens entziehen, wie etwa die globale Erwärmung, führen zu Änderungen in Verhaltensweisen der Gesellschaft, zu neuen Vorschriften und Gesetzen und darüber wieder zu beschleunigten technologischen Entwicklungen, die letztendlich direkten Einfluss auf ein Unternehmen haben können – und natürlich auch auf den Verlauf der globalen Erwärmung selbst.

Daher verstehen wir unter einem Trend nicht nur seinen inhaltlichen Kern – eine neue Technologie, eine Innovation, eine gesellschaftliche oder natürliche Veränderung etc. – sondern dessen komplexe Entwicklung im Wechselspiel mit allen anderen relevanten Größen.

> Ein **Trend** ist eine vereinfachende Beschreibung einer übergreifenden Entwicklung, die sich aus den Wechselwirkungen eines inhaltlichen Kerns mit seiner Umwelt ergibt und über einen für den jeweiligen Kontext relevanten Zeitraum anhält.

Im Sinne dieser Trenddefinition sind somit auch Innovationen, deren Ausbreitung das Diffusionsmodell beschreibt, und Technologien, deren Verläufe einem Hype Cycle folgen, Trends, da sie die Wechselwirkungen mit der Gesellschaft miteinschließen. Sie stellen aber nur einen kleinen Ausschnitt aus der Vielfalt möglicher Trends dar.

Um den Verlauf eines Trends zu beobachten, bedarf es konkreter messbarer Parameter, die aus dem jeweiligen Trend abgeleitet werden. Aus praktischen Gründen sollten diese für die Analyse leicht zugänglich sein. Das können Verkaufszahlen bestimmter Produkte sein, Statistiken oder Umfragewerte. Oft ist es die Kombination verschiedener Größen, die einen Trend erst gut beschreibt und seine Entwicklung verstehen lässt.

Die Firma Google stellt mit ihrer Anwendung Google Trends umfangreiche, leicht recherchierbare Daten zu Begriffen bereit, nach denen im Internet über die Suchmaschine von Google gesucht wurde. Google Trends visualisiert die Häufigkeit der eingegebenen Suchbegriffe im Zeitverlauf. Das Suchverhalten im Internet kann als Stärke des Interesses an einem Thema und damit als Indikator für die Trendstärke interpretiert werden.

Am Beispiel der Virtuellen Realität (Abb. 1.3) kann man etwa erkennen, dass der Begriff schon seit vielen Jahren für viele Internetnutzer interessant war. Die Einführung der ersten Virtual-Reality-Brille Oculus Rift in einer Entwicklerversion hat das gesamte Interesse nicht wesent-

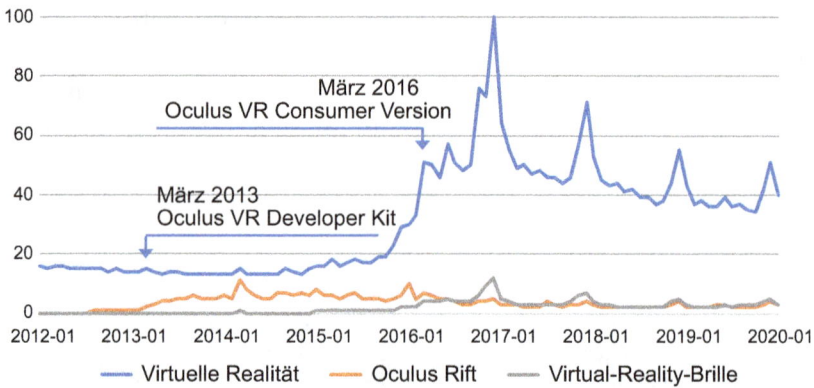

Abb. 1.3 Häufigkeit von Internetsuchen zu Begriffen aus dem Bereich Virtuelle Realität, Datenquelle: Google Trends [3]

lich verändert. Allerdings wurde häufig nach dem konkreten Produkt Oculus Rift gesucht. Der Begriff muss diesen Personen also namentlich bekannt gewesen sein, was auf Entwickler und frühe Interessenten aus Unternehmen schließen lässt.

Mit der Ankündigung und nach der Einführung der Konsumentenversion stieg das Interesse an der Virtuellen Realität drastisch an. Die Suche nach dem konkreten Produkt allerdings nahm ab. Dafür tauchten die ersten Suchanfragen nach dem übergreifenden Begriff der Virtual-Reality-Brille auf.

Die Entwicklung lässt darauf schließen, dass sich nun auch Privatpersonen für Virtuelle Realität interessierten. Das erklärt auch die deutlichen Anstiege der Suchanfragen im jährlichen Rhythmus jeweils im Dezember (Weihnachten!). Interessant ist auch das anscheinend kontinuierlich nachlassende Interesse seit dem ersten Hype nach der Markteinführung.

Die Angaben von Google Trend sind keine absoluten Zahlen, sondern auf bestimmte Faktoren normierte Werte, so dass die Interpretation nicht immer einfach ist. Zudem ist die Methodik der Datenerhebung nicht transparent und die gezeigten Verläufe variieren unter anderem mit dem Zeitpunkt des Zugriffs [4]. Dennoch wird deutlich, dass sich die scheinbar einfachen theoretischen Modelle in der Realität wesentlich komplexer darstellen. Überlegen Sie dennoch einmal, wer in dem beschriebenen Verlauf der Virtuellen Realität die Innovatoren und frühen Anwender sind. Den Gipfel der überzogenen Erwartungen haben Sie sicherlich sofort erkannt. Oder?

Google Trends ist nur eine Möglichkeit, Informationen über den bisherigen Verlauf von Trends zu gewinnen. In ähnlicher Weise können auch Häufigkeitssuchen von Begriffen in Zeitschriften, Patentanmeldungen oder anderen Datenbanken genutzt werden. Kap. 4 beschreibt weitere Möglichkeiten, Trends zu identifizieren und besser zu verstehen.

Alle Veränderungen und Trends kommen systembedingt irgendwann an ihr Ende. Selbst der über Jahrhunderte hinweg stabile Trend der globalen Urbanisierung endet spätestens dann, wenn alle Menschen in Städten leben, wahrscheinlich schon deutlich früher. Viele Veränderungen verlaufen zyklisch, Modetrends etwa parallel zum Jahreszyklus. Gleiches gilt für die Reisebranche und die Wintersportindustrie. Andere Veränderungen sind an Konjunktur- oder typische Industriezyklen gekoppelt. Manchmal entstehen auch sogenannte Blasen, etwa Immobilien- oder Finanzblasen, bei denen sich im Gegensatz zum Hype Cycle die Veränderungen nach dem Platzen der Blase nicht weiter fortsetzen.

Im Sinne unseres pragmatischen Ansatzes, dass Trends die Beschäftigung mit der Zukunft erleichtern sollen, empfiehlt sich auch hier ein pragmatisches Vorgehen. Entscheidend ist der Betrachtungszeitraum der angestrebten Analyse. Ist dieser deutlich länger als der Veränderungszyklus oder die Dauer einer Blase, so sind diese als temporäre Störungen zu betrachten. Bei kurzen Betrachtungszeiträumen hingegen können die Auf- und Abschwünge einer Blase oder innerhalb eines Zyklus als Trends verstanden werden, mit den Scheitelpunkten der Kurve als Zeitpunkte der Trendumkehr.

Generell gilt daher: Je besser wir die zugrundeliegenden Mechanismen des Wandels verstehen, desto besser können wir Aussagen über Trendentwicklungen machen.

> **Die Evolution als Gedankenbild für Trends**
>
> Ein schönes Gedankenbild für die Entwicklung von Trends stellt die Evolution dar, bei der viele zufällige Mutationen immer wieder neue Entwicklungspfade in die unterschiedlichsten Richtungen öffnen. Viele davon erweisen sich als ungeeignet. Die Entwicklungen mit den für die jeweilige Umgebung vorteilhaftesten Eigenschaften setzen sich aber nach einiger Zeit durch. Neben einem Hauptzweig können sich Nebenzweige mit abweichenden Eigenschaften bilden, insbesondere wenn sich diese in anderen Umgebungen mit abweichenden Anforderungen entwickeln. Manche Pfade enden nach einiger Zeit auch wieder. Rückblickend können die Pfade der Evolution oft sehr gut nachverfolgt werden. Am Anfang des Prozesses aber ist die Zukunft nur schwer zu erkennen.

1.5 Trenderkennung

Die Trendforschung ist der Ausgangspunkt aller Trendaktivitäten. Sie identifiziert Entwicklungen, die nicht mit bekannten Mustern erklärt werden können, fasst diese als neue Trends zusammen, bestimmt ihre Ausprägungen und Entwicklungen und beschreibt sie. Eine frühe Erkennung neuer Trends ermöglicht die frühzeitige Berücksichtigung wichtiger Entwicklungen bei unternehmerischen Entscheidungen und ein durchdachtes, geplantes Vorgehen. Überraschungen werden vermieden. Insbesondere ein zeitlicher Vorsprung gegenüber Wettbewerbern am Markt führt zu einem strategischen Vorteil.

> Die **Trendforschung** umfasst den Prozess der Ableitung von Trends über die Beobachtung von Veränderungen.

Frühe Definitionen des Begriffs beschränken die Trendforschung auf die Beobachtung von gesellschaftlichen Veränderungen. Wie bereits beschrieben, zeigt praktisch jeder Trend eine Wechselwirkung mit der Gesellschaft, die darüber Einfluss auf seine Entwicklung nimmt. Für die praktische Anwendung ist es aber wichtig, auch Umwelt-Trends, wie etwa das Artensterben, oder Technologien, die zunächst ausschließlich im akademischen Umfeld sichtbar sind, frühzeitig zu berücksichtigen. Bei einem Fokus auf die Gesellschaft sind solche Trends zunächst nicht sichtbar, können für bestimmte Unternehmen aber bereits hohe Relevanz besitzen.

Für die Identifikation neuer Trends ist eine gewisse Anzahl von Beobachtungen erforderlich, die eine gemeinsame Interpretation ermöglichen. Je jünger der Trend, desto weniger Anzeichen gibt es und umso unschärfer ist das Gesamtbild. Die frühen Vorläufer eines Trends bezeichnet man nach Ansoff als *schwache Signale* [5]. Sie zeigen punktuelle Manifestationen einer neuen Entwicklung, ohne dass die Entwicklung als ganze bereits erkannt werden kann. Jedes schwache Signal für sich besitzt wenig Aussagekraft. Erst das verstärkte Auftreten ähnlicher schwacher Signale ermöglicht die Identifikation neuer Trends. Ist ein Trend einmal als solcher erkannt, lassen sich rückblickend meist weitere frühe Anzeichen finden, die dem Trend zugeordnet werden können, deren Relevanz zum Zeitpunkt ihres Auftretens aber noch nicht erkannt wurden.

Schwache Signale sind frühe Anzeichen eines neuen Trends.

Eine besondere Relevanz für die Trendforschung haben höchst seltene Ereignisse, die zufällig oder in einem anderen Zusammenhang entdeckt werden, sogenannte *schwarze Schwäne*. Der Begriff wurde von Nassim Nicholas Taleb [6] bei der Analyse von häufig extremen Konsequenzen seltener oder unwahrscheinlicher Ereignisse geprägt. Er ist eine Metapher für die Entdeckung des ersten, bis dahin in Europa unbekannten schwarzen Schwans im Jahr 1697 in Australien. Bis zu seiner Entdeckung war die verbreitete Annahme, es gäbe ausschließlich weiße Schwäne. Auch die zufällige Entdeckung Amerikas auf der Suche nach einer neuen Schifffahrtsroute nach Indien ist solch ein schwarzer Schwan, der das Weltbild dramatisch verändert hat.

Schwarze Schwäne sind im Sinne der Trendanalyse wichtige Signale mit großem Einfluss auf die Zukunft, die auch durch systematische Analysen nur schwer zu finden sind. So besteht immer die Gefahr, wichtige Informationen zu übersehen und sie deshalb nicht berücksichtigen zu können.

> Im Rahmen der Trendanalyse bezeichnet ein **schwarzer Schwan** ein höchst seltenes oder unwahrscheinliches Ereignis mit disruptivem Einfluss auf die Zukunft.

Beschäftigt sich die Trendforschung mit dem Verständnis der Veränderungen an sich, so interpretiert die Trendanalyse diese auf Ihre Auswirkungen. Während die Trendforschung Trends umfassend zu verstehen sucht, geht es bei der Analyse um die Identifikation konkreter Einflüsse, in unserem Fall auf ein Unternehmen und sein Umfeld.

> Die **Trendanalyse** analysiert den Einfluss erkannter Trends auf einen definierten Wirkbereich, zum Beispiel auf ein Unternehmen.

Die Trendforschung findet üblicherweise in darauf spezialisierten Unternehmen statt, etwa in Trendberatungen und Forschungsinstituten. Für Unternehmen außerhalb der Trendbranche lohnt sich in der Regel der Aufwand nicht. Diese beschränken sich meist auf die Analyse erkannter Trends und das Ableiten individueller Erkenntnisse und Aktivitäten. Große Unternehmen ergänzen die externe Trendforschung gelegentlich durch spezifische Beobachtungen in ihren Kernfeldern oder Bereichen von besonderem Interesse.

Es gibt unzählige Trendforscher und Trendunternehmen, Berater und Autoren, die sich mit der Zukunft beschäftigen. Entsprechend groß ist auch die Vielfalt der methodischen Ansätze. Sie reichen vom erfahrungsbasierten Bauchgefühl bis hin zu einem stringenten wissenschaftlich fundierten Vorgehen. Die großen Qualitätsunterschiede gebieten eine entsprechende Vorsicht bei der Verwendung der Ergebnisse. Nicht alles, was geschrieben wird, ist eine verlässliche Basis für unternehmerische Entscheidungen.

Wir sollten uns zudem immer bewusst sein, dass die Erkennung eines Trends ausschließlich auf Beobachtungen der Gegenwart und Vergangenheit beruht. Wir wissen nicht wirklich, wie sich der Trend in der Zukunft entwickeln wird. Die vermutete Entwicklung beruht auf Annahmen, die richtig oder falsch sein oder durch unvorhergesehene Ereignisse gestört werden können. Ein Trend ist daher immer eine Hypothese, deren Richtigkeit regelmäßig überprüft werden muss.

1.6 Trendtypen

Trends können jede übergreifende, über einen gewissen Zeitraum anhaltende Änderung beschreiben. Für die praktische Arbeit ist eine Einordnung der verschiedenen Trends in eine logische Struktur hilfreich.

Im Jahr 1982 erschien das von John Naisbitt geschriebene Buch Megatrends [7], das zum Bestseller wurde, die Zukunftsforschung populär machte und nebenbei den Begriff des *Megatrends* prägte. Naisbitt verstand unter Megatrends große soziale, politische oder technologische Veränderungen, die viele Jahre anhalten wie etwa Globalisierung und Digitalisierung. Er definiert Megatrends also über ihre zeitliche und inhaltliche Tragweite. Diese beiden Kriterien finden sich in fast allen Kategorisierungen von Trends wieder, wobei die Megatrends oft die oberste Kategorie darstellen, die durch Unterkategorien erweitert wird (Abb. 1.4).

Eine umfassende Systematik von Trends hat das Zukunftsinstitut eingeführt [8], eines der frühen deutschen Unternehmen der Trend- und Zukunftsforschung, wobei das Zukunftsinstitut betont, dass es keine harten Grenzen zwischen den einzelnen Trendkategorien gibt.

In der Systematik des Zukunftsinstituts beschreiben Megatrends große, umfassende Veränderungen. Kriterien für einen Megatrend sind eine Dauer von mehreren Jahrzehnten, Auswirkungen in allen gesellschaftlichen Bereichen, Globalität und Komplexität. Das Zukunftsinstitut legt dabei den Schwerpunkt auf die enorme Veränderungswirkung von Megatrends als Abgrenzungskriterium zu anderen Trends. Über die breite Wirkung auf viele Bereiche des Lebens führen sie zu grundlegendem, nachhaltigem Wandel in der Welt.

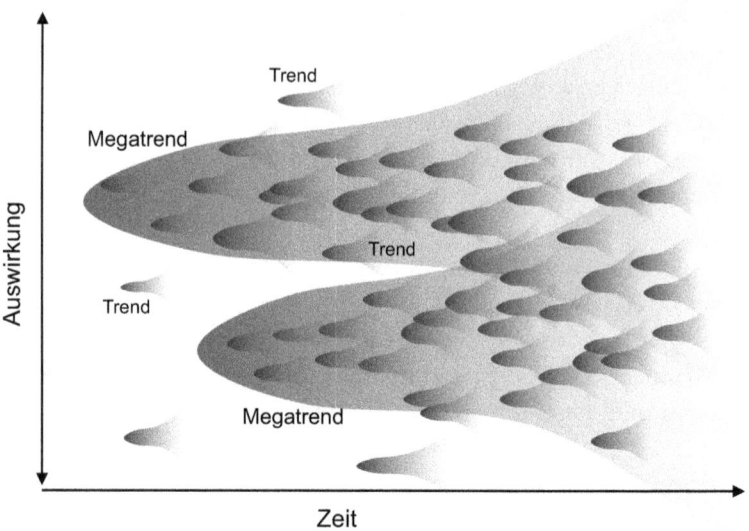

Abb. 1.4 Trends und Megatrends

Unterhalb der Megatrends gibt es

- *Soziokulturelle Trends,* die rund zehn Jahre wirken und einen sozialen und technischen Wandel beschreiben.
- *Konsum- und Zeitgeisttrends* mit einer Dauer von bis zu acht Jahren.
- *Produkt- und Modetrends,* die teilweise nur wenige Monate anhalten und in der Systematik des Zukunftsinstituts die kürzesten Trends darstellen.

Das Zukunftsinstitut definiert mit *Metatrends* noch eine Ebene oberhalb der Megatrends. Metatrends beschreiben grundlegende natürliche Veränderungen in Zeitskalen von Millionen von Jahren. Sie bilden damit die Rahmenbedingungen, in denen sich alle anderen Trends entwickeln.

Eine alternative Systematik findet sich bei TrendOne, die einen Bottom-up Ansatz verfolgen [9]. TrendOne identifiziert weltweit sogenannte *Micro-Trends* – konkrete Innovationen, die bestehende Ansätze in Frage stellen und intelligente neue Lösungen bieten. Micro-Trends sind singuläre Beobachtungen, möglicherweise schwache Signale. Nach unserer Definition sind sie damit zwar keine Trends. Wie wir später sehen werden, sind die Micro-Trends aber für verschiedene Anwendungsfälle des Trendmanagements sehr nützlich.

Thematisch verwandte Micro-Trends werden in der TrendOne Systematik zu *Macro-Trends* zusammengefasst, die übergreifende Veränderungen beschreiben und damit auch nach unserer Definition Trends darstellen. Die nächsthöhere Ebene stellen die *Megatrends* dar, die wiederum eine Klammer über mehrere Macro-Trends bilden.

In dieser Systematik wird intuitiv verständlich, dass Micro-Trends eine hohe Dynamik haben können. Einzelne Micro-Trends setzen sich vielleicht nicht durch. Weitere werden hinzukommen. Die Macro-Trends sind deutlich stabiler, da der Wegfall einzelner Micro-Trends zunächst noch wenig Einfluss hat. Erst wenn viele Micro-Trends entfallen oder sich deutlich ändern, wird auch der Macro-Trend beeinflusst. Analoges gilt für die Megatrends, die sich erst dann ändern, wenn sich auf Ebene der Macro-Trends große Änderungen ergeben. Damit sind die Megatrends die stabilsten Trends, aber auch sie können sich mit der Zeit ändern oder sogar ganz wegfallen.

Die genannten Beispiele von Naisbitt, dem Zukunftsinstitut und TrendOne zeigen ein ähnliches Verständnis von Megatrends, das im Wesentlichen auf ihrer enormen Veränderungswirkung beruht, sowohl bezüglich der thematischen und geografischen Breite wie auch eines langen Zeitraums.

> **Megatrends** sind lang anhaltende gesellschaftliche, technologische, ökonomische, ökologische oder politische Veränderungen mit globaler Bedeutung.

In unserer hoch vernetzten Welt sind die Parameter Dauer, Kategorie und Geografie natürlich nicht unabhängig voneinander, so dass eine akademisch präzisere Definition von Megatrends möglich wäre. Für die praktische Anwendung ist die oben genannte Definition völlig ausreichend, da Megatrends wie alle Trends nur Hilfsmittel sind, um die Beschäftigung mit der Zukunft zu erleichtern.

Obwohl ein ähnliches Verständnis des Begriffs Megatrend besteht, gibt es keinen einheitlichen Zuschnitt oder Benennung. Die Tab. 1.1 zeigt, dass manche Megatrends wie *Silver Society* und *Adaptation Strategies* nur in einer einzelnen Quelle zu finden sind. Andere wiederum finden sich unter ähnlichen Bezeichnungen in mehreren Quellen, beispielsweise Urbanisierung oder *New Work/Future Skillsets/New Work Realities*.

Tab. 1.1 Megatrends ausgewählter Beratungsfirmen (Stand: Februar 2024)

Zukunftsinstitut [8]	Z_punkt [10]	TrendOne [12]	TrendOne, 2020 [9]
- Wissenskultur - Urbanisierung - Konnektivität - Individualisierung - Neo-Ökologie - Globalisierung - Gender Shift - Gesundheit - New Work - Mobilität - Silver Society - Sicherheit	- Demographic Changes - Divided Societies - Differentiated Lifeworlds - Digital Transformation - Biotechnical Transformation - Material Revolution - Volatile Economies - New Work Realities - Business Ecosystems - Anthropogenic Damages - Adaptation Strategies - Regenerative Approaches - Global Power Shifts - New Political World (Dis)Order - Upcoming Conflict Lines	- Artificial Intelligence - Attention Economy - Connected World - Conscious Eating - Consumerism 2.0 - Data Era - Engineered Evolution - Exponential Industries - Future Skillsets - Healthstyle - Intelligent Infrastructure - Planet Centricity - Seamless Commerce - Smart Surroundings - Virtualisation - Woke Culture - Urbanisation	- Artificial Intelligence - Attention Economy - Connected World - Data Era - Distrust Society - Food Culture - Future Work - Healthstyle - Individualisation - Industry 4.0 - Outernet - Seamless Commerce - Sustainability - Transhumanism - Urbanisation - Virtual Experiences

Durch die unterschiedliche Benennung wird oft ein bestimmter Aspekt der Entwicklung hervorgehoben. Ebenso kann die spezifische Interpretation der Veränderung unterschiedlich sein, so dass erst die weitere Erläuterung einem Trend seine Bedeutung gibt.

Megatrends beschreiben über viele Jahre stabile Entwicklungen. So ist es nicht verwunderlich, dass die in Tab. 1.1 aufgelisteten Megatrends des Zukunftsinstituts seit der ersten Auflage dieses Buchs im Jahr 2020 unverändert geblieben sind. Dies trifft aber nicht für die anderen genannten Institute zu. Beispielhaft sind in der letzten Tabellenspalte die TrendOne Megatrends aus dem Jahr 2020 aufgeführt.

Einige der dort gelisteten Trends sind auch im Jahr 2024 noch aktuell, wie beispielsweise *Artificial Intelligence* und *Healthstyle*. Andere sind neu hinzugekommen, wie *Consumerism 2.0* und *Woke Culture*. Besonders interessant ist die Weiterentwicklung alter Trends. So ist aus *Food Culture* aus dem Jahr 2020 nun *Conscious Eating* geworden und aus *Sustainability* wurde *Planet Centricity*. Hier haben bestehende Trends neue Schwerpunkte herausgebildet oder wurden von TrendOne aufgrund aktueller Beobachtungen neu interpretiert. Aber auch bei den Trends mit unverändertem Titel gab es in den letzten Jahren neue Erkenntnisse, die sich in den Dokumenten und Wissensdatenbanken der Trendinstitute wiederfinden und die für die konkrete Auseinandersetzung mit der Zukunft von Bedeutung sind.

Nicht selten ist die Auswahl und Definition der Megatrends von den Arbeitsschwerpunkten der jeweiligen Herausgeber beeinflusst. Das ist leicht verständlich, da ein Trend ein theoretisches Konstrukt zur Vereinfachung der Beschäftigung mit der Zukunft ist, die Nutzbarkeit also einen wichtigen Aspekt bei der Trenddefinition darstellt. Für ein Unternehmen bedeutet es aber auch, dass es vermutlich nicht ausreichend sein wird, nur die Trends eines einzelnen Instituts für die eigene Arbeit zu nutzen.

Aus der Perspektive eines Unternehmens sind nicht alle Trends gleich interessant. Der Fokus liegt oft auf den Entwicklungen der eigenen Branche. IT-Firmen beschäftigen sich mit Digitaltrends, Logistikfirmen mit Logistiktrends etc., wobei die Gruppierungen sich überschneiden können. Bei einem gesamthaften Blick auf alle Trends findet sich häufig die schon in der Megatrend-Definition genannte Aufteilung in die

Bereiche Gesellschaft, Technologie, Ökonomie, Ökologie und Politik, die einem gängigen Modell der externen Umweltanalyse STEEP entstammt.

STEEP-Analyse

Die STEEP-Analyse ist eine nach Kategorien gegliederte Übersicht relevanter Umweltfaktoren, wobei die Abkürzung STEEP für soziale (*S*ocial), technologische (*T*echnological), wirtschaftliche (*E*conomic), umweltbezogene (*E*cological) und politische (*P*olitical) Faktoren steht. Unternehmen, die besonders von Regulierungen beeinflusst sind, fügen oft den rechtlichen Faktor (*L*egal) hinzu, wodurch das Akronym zu PESTEL wird. In jüngster Zeit rücken verstärkt ethische Faktoren (*E*thical) in die Aufmerksamkeit und ergänzen das Konzept zu STEEPLE. Die STEEP-Analyse kommt häufig zur Kategorisierung identifizierter Trends zum Einsatz. Darüber hinaus gewährleistet sie eine thematisch ausgewogene Trendrecherche.

Für die Trendanalyse bringt die Klassifikation von Trends eine gewisse Ordnung in die Vielzahl der Entwicklungen und erleichtert die Auswahl der für den jeweiligen Zweck relevanten und daher zu betrachtenden Trends. In der Praxis empfiehlt sich die frühe Festlegung und konsequente Beibehaltung eines für das jeweilige Unternehmen geeigneten Klassifikationsschemas.

Ihr Transfer in die Praxis

- Betrachten Sie die letzten großen Veränderungen in Ihrer Branche: Wer waren im Sinne des Diffusionsmodells die Innovatoren und frühen Anwender? Diese Gruppen sollten Sie regelmäßig beobachten, um frühzeitig weitere Änderungen mitzubekommen.
- Mit welchen Trends haben Sie sich zuletzt beschäftigt? Wie würden Sie die Trends klassifizieren? Falls Technologietrends dabei waren: Wo würden Sie diese auf dem Hype Cycle einordnen?
- Überlegen Sie, welche fünf Megatrends aus der Tab. 1.1 den größten Einfluss auf Ihr Unternehmen haben und warum? Diese Trends wären Kandidaten für eine systematische Trendanalyse.

Literatur

1. Rogers, E. M. (1962). *Diffusion of Innovations*. New York: Free Press.
2. Gartner Methodologies (2020). *Gartner Hype Cycle*. https://www.gartner.com/en/research/methodologies/gartner-hype-cycle. Zugegriffen: 31. Mai 2020.
3. Google, Inc. (o. J.). *Google Trends*. https://www.google.com/trends. Zugegriffen: 9. Mai 2020.
4. Behnen P. et al. (2020). *Whitepaper: Auftreten, Ausmaß und Muster systematischer Inkonsistenzen in Google Trend Daten*. 10.13140/RG.2.2.33370.98247.
5. Ansoff, H. I. (1976). *Managing Surprise and Discontinuity. Strategic Responses to Weak Signals*. ZfbF. 1976 (28) S. 129–152.
6. Taleb, N. N. (2007). *The Black Swan*. New York: Random House.
7. Nasbitt, J. (1982). *Megatrends*. New York: Warner Books.
8. Zukunftsinstitut (o. J.). *Die Megatrends*. https://www.zukunftsinstitut.de/zukunftsthemen/megatrends. *Zugegriffen: 10.02.2024*.
9. Trendone (o. J.). *Mega-Trends*. https://www.trendexplorer.com/de/trends. Zugegriffen: 31.05.2020.
10. Z_punkt (o. J.). *Megatrends - Ein frischer Blick auf die Dynamiken des globalen Wandels*. https://z-punkt.de/de/themen/megatrends. Zugegriffen: 10.02.2024.
11. Blechschmidt, J. (2023). Wie Zukunft entsteht. Independently published.
12. Trendone (o. J.). *Die 17 Mega-Trends des Trenduniversums*. https://www.trendone.com/digitale-tools/trenduniversum. Zugegriffen: 10.02.2024.

2

Exkurs: Umgang mit unscharfen Informationen

Was Sie aus diesem Kapitel mitnehmen

- Was unscharfe Informationen sind.
- Warum sie sich nicht vermeiden lassen.
- Und was das für die Trendanalyse bedeutet.

Wir benötigen Trends als methodisches Hilfsmittel, um komplexe Veränderungen handhabbar zu machen. Ohne solche Abstraktionen und Vereinfachungen wäre die Vielzahl der Veränderungen gar nicht analysierbar. Denn Trends beruhen lediglich auf einer mehr oder minder großen Anzahl an Beobachtungen. Möglicherweise gibt es viele relevante Entwicklungen, die dabei gar nicht gesehen, deren schwache Signale noch nicht beobachtet oder nicht verstanden wurden.

Insbesondere in seinen frühen Phasen basiert ein Trend auf wenigen, meist qualitativen Beobachtungen. Beispiele sind etwa die schleichende Änderung eines Nutzer- oder Käuferverhaltens, die Zunahme bestimmter politischer Strömungen oder die erste Erwähnung einer neuen Technologie in einer wissenschaftlichen Publikation. Viele dieser Signale sind in ihrer Wirkung nicht präzise messbar. Es gibt noch keine Historie, aus der extrapoliert werden könnte, und kein Zahlenwerk zur Untermauerung der vermuteten Entwicklung. Erst zu einem späteren Zeitpunkt können Statistiken und längerfristige Beobachtungen die Veränderungen konkretisieren und quantifizieren. Bis dahin bleibt unklar, ob die beobachteten Anzeichen nur zufällige Ereignisse waren oder wirklich den Beginn einer neuen Entwicklung markieren.

Zudem können schwache Signale prinzipiell überall auftauchen, sowohl geografisch wie auch in unterschiedlichen Märkten und Branchen. Nicht zu allen Bereichen bestehen gute Zugänge und ausreichendes Verständnis, um schwache Signale als solche zu erkennen. So bleibt Vieles ungesehen. Da Trends sich nicht überall gleichzeitig und mit gleichen Ausprägungen ausbreiten, finden sich häufig sogar gegenläufige Signale. Abhängig von den spezifischen Rahmenbedingungen oder spezifischen Situationen sind scheinbar widersprüchliche Effekte beobachtbar, die zu einer falschen Interpretation führen können. Damit beruht die Beschäftigung mit der Zukunft immer auf unvollständigen, abstrahierten und vereinfachten Informationen. Diese führen zu Ideen, Vermutungen und Prognosen, die wiederum auf impliziten oder expliziten Annahmen basieren.

Selbst wenn alle Informationen beliebig genau vorliegen würden und sich daraus ein klares Zukunftsbild ergäbe, können schon am nächsten Tag unerwartete Ereignisse eintreten. Unternehmerische Entscheidungen benötigen eine Vorlaufzeit bis zu ihrer Umsetzung und haben dann Auswirkungen über viele Jahre. Investitionen in den Aufbau einer neuen Fertigungslinie etwa benötigen Monate bis Jahre bis zum Anlauf der Produktion und amortisieren sich erst einige Jahre später. In dieser Zeit werden sich Entwicklungen ergeben, die zum Zeitpunkt der Trendanalyse nicht absehbar waren. So wird der Wettbewerb nicht untätig sein und vielleicht ebenfalls in eine Fertigungslinie für ähnliche Produkte investieren. Vielleicht ändert sich überraschend das wirtschaftliche Umfeld, die Finanzierungskonditionen oder Absatzmärkte. Ein Technologiesprung könnte deutlich kostengünstigere Wettbewerbsprodukte ermöglichen. Auch Entscheidungen der eigenen Zulieferer und Kunden beeinflussen ganz konkret die Zukunft des Unternehmens. Und nicht zuletzt ist die eigene Zukunft in einem erheblichen Maß durch eigene Entscheidungen selbst gestaltbar.

Damit stellen sich bei der Trendanalyse drei grundsätzliche Probleme:

> **Ursachen für „unscharfe Informationen"**
> - Die einer Trendanalyse zugrunde liegenden Informationen sind nie vollständig.
> - Die einer Trendanalyse zugrunde liegenden Informationen sind nie eindeutig.
> - Die zukünftige Entwicklung wird von Entscheidungen und Ereignissen beeinflusst, die zum Zeitpunkt der Analyse nicht absehbar sind.

Die genannten Probleme stammen weder von einer schlechten Arbeitsweise noch dem mangelnden Einsatz von Ressourcen. Sie können prinzipiell nicht vermieden werden. Im Gegensatz dazu stellt der Einfluss der eigenen Entscheidungen – richtig genutzt – eine Chance dar und kann die Zukunft aktiv gestalten.

In der Praxis besteht außerdem das Problem begrenzter Zeitressourcen. Es ist praktisch unmöglich, alle relevanten Informationen zusammenzutragen. Schon die Abgrenzung zwischen relevanten und nicht relevanten Informationen ist schwierig. Zudem wäre die schiere Menge an Informationen gar nicht sinnvoll auswertbar. Die hohe Komplexität erfordert die Reduktion auf eine handhabbare Anzahl und Detailtiefe der zu berücksichtigenden Faktoren. Hier schließt sich der Kreis, denn genau das versucht die Trendanalyse.

Trends sind der Versuch, aus der Vielzahl an Veränderungen die wichtigen Entwicklungen zu identifizieren und in die Aufmerksamkeit zu bringen. Sie reduzieren die Komplexität der realen Welt auf ein handhabbares Maß und ermöglichen über die entstehende Struktur ein analytisches Arbeiten mit der Zukunft.

Die Trendanalyse muss in ihrer Methodik die unvermeidliche Unschärfe berücksichtigen, sowohl bei Aussagen über die Zukunft wie auch bei der Ableitung von Handlungsempfehlungen. Sie liefert wichtige Impulse und bringt neue, oft überraschende Aspekte in die Aufmerksamkeit. Damit löst sie wichtige Diskussionen aus. Bei konkreten Fragestellungen muss die Trendanalyse Antworten mit ausreichender

Konfidenz liefern, darf aber die ihr inhärente Unsicherheit nicht verschweigen.

> Aussagen über die Zukunft sind nie *finale* Antworten. Sie erfordern immer eine regelmäßige Überprüfung.

Ihr Transfer in die Praxis
- Machen Sie sich bewusst, dass die Trendanalyse keine mathematisch exakten Schlüsse zulässt.

3

Trendanalyse in Unternehmen

> **Was Sie aus diesem Kapitel mitnehmen**
>
> - Wie die Trendanalyse unternehmerische Entscheidungen unterstützt.
> - Bei welchen Unternehmensaufgaben die Trendanalyse zum Einsatz kommt.
> - Dass die Trendanalyse abhängig vom Einsatzzweck unterschiedliche Schwerpunkte setzen muss.
> - In welchen Unternehmensbereichen die Trendanalyse angesiedelt sein kann.

3.1 Unternehmerische Entscheidungen

Jeden Tag werden in einem Unternehmen unzählige Entscheidungen getroffen. Die meisten davon haben eine geringe Tragweite und eine beschränkte zeitliche Auswirkung. Das kann die Anschaffung eines neuen Computers sein oder auch die Aufgabenverteilung in einem Team. Andere Entscheidungen aber nehmen Einfluss auf das Unternehmen als Ganzes oder auf größere Teile davon. Sie gestalten aktiv die Zukunft des jeweiligen Unternehmens. Da solche Entscheidungen meist nicht einfach rückgängig zu machen sind, ist eine gute Entscheidungsbasis von hoher Bedeutung. Die Trendanalyse bringt die langfristige Perspektive in die Entscheidungsfindung ein.

> **Die Trendanalyse unterstützt unternehmerische Entscheidungen, indem sie**
>
> - absehbare Veränderungen im unternehmerischen Umfeld identifiziert,
> - Chancen und Risiken für das Unternehmen erkennt und
> - frühzeitig einen möglichen Entscheidungsbedarf aufzeigt.

Strategische Entscheidungen wie das Erschließen neuer Märkte, die Einführung neuer Produkte und der Aufbau neuer Fertigungskapazitäten haben einen langen zeitlichen Vorlauf und verursachen hohe Kosten, die sich erst viele Jahre später amortisieren. Für diesen Zeitraum müssen die wichtigen Rahmenbedingungen mit ausreichender Sicherheit abgeschätzt werden, da andernfalls die Wirtschaftlichkeit der geplanten Aktivitäten gefährdet ist.

Ein frühes Erkennen von Änderungen im Umfeld führt zur Identifikation neuer Chancen und möglichen Bedrohungen. Chancen können früher als der Wettbewerber genutzt, Bedrohungen durch geeignete Strategien abgemildert werden. Beides führt zu einem größeren langfristigen Unternehmenserfolg.

Da jedes Unternehmen sein direktes Geschäftsumfeld sehr gut kennt, werden viele Entscheidungen, insbesondere wenn sie die Kernmärkte und -produkte eines Unternehmens betreffen, ohne Trendanalysen getroffen. Dahinter steckt die Annahme, dass sich das relevante Umfeld im betroffenen Zeitraum nicht überraschend ändern wird. Je länger aber der Zeitraum ist, desto unrealistischer ist diese Hypothese. Nicht selten stellt man im Nachhinein fest, von Ereignissen überrascht worden zu sein, die sich schon lange vorher abgezeichnet hatten.

Unternehmerische Entscheidungen werden oft von mehreren Personen getroffen, die aufgrund ihres individuellen Wissens und ihrer Erfahrung unterschiedliche Einschätzungen künftiger Entwicklungen haben. Die Diskussion von Trenderkenntnissen führt zu einem gemeinsamen Bild der Zukunft und ermöglicht solide von allen Personen mitgetragene unternehmerische Entscheidungen. Das umfasst das Verständnis des Risikos, dass sich die Zukunft doch anders als in heutigen Prognosen angenommen entwickeln könnte.

Die in den Trendanalysen gewonnenen Erkenntnisse ermöglichen zudem die spätere Überprüfung im Fall neuer Ereignisse. So sind die Entscheidungsgrundlagen dokumentiert und transparent. Stellen sich diese Annahmen später als falsch heraus, müssen die darauf basierenden Entscheidungen ebenfalls neu bewertet und gegebenenfalls revidiert werden.

Obwohl der Nutzen eines Trendmanagements offensichtlich ist, ist die Akzeptanz in vielen Unternehmen noch gering. Die Gründe dafür sind vielfältig. So findet Trendmanagement bzw. das übergreifende Feld der Zukunftsforschung erst seit neuerer Zeit Eingang in die klassische akademische Ausbildung, oft als eigener Masterstudiengang. Viele der heutigen Entscheidungsträger kennen die Grundlagen noch nicht. Zudem ist unser Ausbildungssystem darauf ausgelegt, mit Fakten und kausalen Zusammenhängen umzugehen. Daher schrecken wir vor Unsicherheiten zurück. Die Komplexität der Zukunft können wir auf diese Art nur bedingt erschließen.

Unternehmerische Entscheidungen auf Basis unkonkreten Zukunftswissens fallen schwer. Trendmanagement wird daher oft mit Skepsis betrachtet und muss seine Bedeutung erst durch gute Ergebnisse beweisen. Kap. 9 gibt hierzu einige Hinweise.

3.2 Einsatzbereiche

Für jede langfristige Entscheidung eines Unternehmens ist ein solides Bild der Zukunft hilfreich. Entsprechend vielfältig ist der Nutzen von Trendanalysen.

Einsatz der Trendanalyse in Unternehmen
- Strategische Unternehmensausrichtung

- Strategische Planung
- Produktinnovation
- Strategische Innovation
- Investitionsentscheidungen
- Stimulierende Impulse
- Risikomanagement

Abhängig vom konkreten Einsatzzweck gibt es zwei prinzipielle Vorgehensweise der Trendanalyse. Der *Outside-in* Ansatz startet mit der Analyse eines oder mehrerer Trends und leitet daraus Implikationen für das Unternehmen ab. Beim *Inside-out* Ansatz steht eine konkrete Fragestellung im Vordergrund, die dann aus Sicht einzelner Trends beleuchtet wird. Je nach Aufgabenstellung ist die eine oder andere Herangehensweise vorteilhafter.

Strategische Unternehmensausrichtung
Die strategische Ausrichtung eines Unternehmens legt die grundlegenden Weichenstellungen für die künftige Entwicklung fest. Die Ergebnisse werden üblicherweise als *Mission* (Unternehmenszweck) in Verbindung mit einer *Vision* (konkretes Unternehmensziel) formuliert. Unternehmenswerte und Leitlinien setzen den Rahmen für die operative Umsetzung.

Der übergreifende Unternehmenszweck, die Mission, beschreibt die generelle Aufgabe des Unternehmens im Sinne eines Nutzens, den das Unternehmen stiften will und bleibt möglicherweise über Jahrzehnte unverändert. Die Mission ist allgemein und technologieoffen formuliert und sollte unabhängig vom technologischen und gesellschaftlichen Wandel sein. Umgekehrt sollte bei einem Wandel des unternehmerischen Umfelds die Mission die Richtung vorgeben, wie sich das Unternehmen dem Wandel anpassen soll. Entsprechend spielen Trends eine untergeordnete Rolle bei der Formulierung der Mission.

Eine Vision bezieht sich hingegen auf einen konkreten Zeitpunkt in der Zukunft, der über die üblichen Planungszyklen hinausgeht. Fünf bis zehn Jahre sind typische Zeithorizonte. Industrien mit langen Investitionszyklen, etwa die Chemie- oder Energiebranche, denken vielfach in deutlich längeren Zeiträumen. Bei Unternehmen der Softwareindustrie oder Elektronikbranche mit deutlich kürzeren Produktlebenszyklen liegt das Visionsziel gelegentlich auch nur zwei bis fünf Jahre in der Zukunft.

Die Vision ist ein Etappenschritt im Rahmen der Mission. Sie formuliert qualitative und oft auch quantitative Ziele für das Zieljahr, ohne aber den Weg dorthin vorzugeben. Eine gute Vision trägt in der Regel viel vom derzeitigen Unternehmen in sich und setzt inhaltliche Schwerpunkte für die Weiterentwicklung. Sie lässt aber viel Spielraum für die unternehmerische Ausgestaltung der Umsetzung.

Da die Vision auf einen erstrebenswerten Zustand in der Zukunft zielt, muss sie zwangsläufig auf einem detaillierten Verständnis zukünftiger Entwicklungen basieren. Andernfalls könnte ein Zustand anvisiert werden, der zwar heute erstrebenswert scheint, sich in der Zukunft aber als wenig attraktiv erweist. Entsprechend kann die Trendanalyse Klarheit über das zukünftige unternehmerische Umfeld und die damit verbundenen Chancen und Risiken bringen. Insbesondere blickt sie über den heutigen Fokus hinaus und bringt bisher unbekannte Entwicklungsmöglichkeiten in die Aufmerksamkeit.

Ein klares Bild von der Zukunft mit allen ihren Chancen und Risiken ist eine wichtige Grundlage für die strategische Unternehmensausrichtung. Die Entwicklung eines schlüssigen Gesamtbilds aus Mission, Vision, Werten und Leitlinien erfordert aber weit mehr als nur ein solides Zukunftsbild. Die Trendanalyse liefert ihren Beitrag daher im Zusammenspiel mit anderen Methoden der Missions- und Visionsentwicklung.

Strategische Planung
Mit der strategischen Planung legen Unternehmen die wesentlichen Handlungsfelder und Budgets der nächsten Jahre fest. Dabei wird typischerweise ein Zeitraum von drei Jahren betrachtet, aber nur das erste Jahr davon detailliert ausgeplant. Der Planungsprozess findet bei den meisten Unternehmen jährlich statt.

Ausgangspunkt der strategischen Planung ist eine Analyse des unternehmerischen Umfelds und der eigenen Positionierung im Markt: Marktwachstum und -segmentierung, Kundenwünsche und -verhalten,

Produktangebote am Markt, Wettbewerber, Stärken-/Schwächenprofile (z. B. SWOT-Analysen), Portfolioanalysen u. v. a. m. Neben den Märkten, auf denen das Unternehmen aktuell tätig ist, werden Märkte und Marktsegmente betrachtet, in die es einzutreten plant.

Zudem wird der Blick auf die operative Aufstellung des Unternehmens geworfen, auf Produktions- und Vertriebsprozesse, die geografische Aufstellung, Innovationsaktivitäten etc. Dabei wird neben erforderlichen Anpassungen der Organisation insbesondere der anstehende Investitionsbedarf ermittelt.

Die Trendanalyse unterstützt die strategische Planung mit grundlegenden Erkenntnissen zur Änderung des Unternehmensumfelds. Gesellschaftstrends zeigen etwa auf, wie sich das Kundenverhalten ändert. Markttrends geben Hinweise auf die optimale vertriebliche Aufstellung. Technologietrends führen zu neuen Möglichkeiten der Produktion oder der Optimierung interner Prozesse. Der zeitliche Betrachtungshorizont der Trendanalyse ergibt sich aus dem angestrebten Planungszeitraum und ist damit kürzer als bei der strategischen Unternehmensausrichtung.

Kleinere Unternehmen haben oft keinen oder nur einen sehr schlanken institutionalisierten Planungsprozess. Eine strategische Planung findet dort anlassbezogen, etwa im Vorfeld größerer Investitionen oder Veränderungen, statt. Aufgrund der geringeren Komplexität bezüglich Produktvielfalt, bedienter Märkte und regionaler Aufstellung sind deutlich weniger Faktoren zu berücksichtigen. Entsprechend fokussierter können die Trendanalysen durchgeführt werden.

Produktinnovation

Zum Erhalt der Wettbewerbsfähigkeit müssen Unternehmen ihr Angebot beständig weiterentwickeln. Einerseits ändern sich Wünsche und Anforderungen der Kunden, andererseits konkurrieren Wettbewerber auf denselben Märkten. Produktinnovationen umfassen neben dem eigentlichen Produkt und seinen Eigenschaften insbesondere auch Innovationen in Handhabung, Design, Service und begleitenden Dienstleistungen. Innovationen zur Verbesserung von Produktion, Logistik und anderen Unternehmensprozessen fallen ebenfalls darunter. Diese sind auf der jeweiligen Wertschöpfungsstufe ebenfalls „Produkte" – was unmittelbar verständlich ist, wenn sie von einem Zulieferer kommen, also dessen Produkte sind.

Markt- und Gesellschaftstrends zeigen auf, wie sich die Wünsche und Bedürfnisse heutiger Kunden ändern und welche neuen Kundensegmente entstehen werden. So können Bedarfe antizipiert werden, für die es noch kein Angebot am Markt gibt. Die Analyse technischer Trends zeigt Möglichkeiten auf, diese Kunden mit innovativen Produkten zu bedienen oder bestehende Produkte mittels neuer Methoden kostengünstiger zu produzieren. Damit ist die Trendanalyse eine starke Quelle der Inspiration für den Innovationsprozess.

Eine besondere Chance stellen junge, stark wachsende Marktsegmente dar, auf denen sich ein Unternehmen frühzeitig mit attraktiven Produkten positionieren kann, um von Beginn an eine starke Position einzunehmen. Die Trendanalyse ist ein geeignetes Werkzeug, neu entstehende Märkte früh zu erkennen und dortige Geschäfts- und Innovationspotenziale zu identifizieren.

Identifikation neuer Innovationsfelder

Trends zeigen künftige Entwicklungen auf und geben dabei Hinweise auf bisher unbekannte Bedarfe und Möglichkeiten. So lassen sich über die Kombination mehrerer Trends Ansatzpunkte für potenziell neue Innovationsfelder identifizieren.

Beispiel: Die Kombination der Megatrends Wissenskultur, Gesundheit und einer alternden Gesellschaft deutet darauf hin, dass sich ein attraktiver Markt für Seniorenbildung rund um Gesundheitsfragen entwickeln könnte. Auch ältere Menschen wollen sich zukünftig womöglich nicht nur passiv von einem Arzt beraten lassen, sondern zunehmend eigenes Verständnis aufbauen. Diese Zielgruppe könnte nun mit einem spezifisch auf sie ausgerichteten Angebot adressiert werden.

Dies ist zunächst nur eine Hypothese, die durch weitere Recherchen erhärtet werden muss. Das Aufspüren erster Innovatoren oder früher Anwender im Sinne des Diffusionsmodells würde die Hypothese untermauern. Eine konkrete Chance wäre identifiziert!

Der Zeitraum der Trendanalyse lässt sich aus dem Lebenszyklus typischer Produkte des Unternehmens ableiten, vom Start der Entwicklung über die Markteinführung bis hin zur finalen Abkündigung. So wird ein

Verständnis der Trendentwicklungen über die komplette wirtschaftlich relevante Zeitspanne einer neu gestarteten Produktentwicklung erarbeitet.

Für die Produktinnovation selbst werden konkrete Ansätze gesucht, die zeitnah realisiert werden können und denen auch eine Nachfrage gegenüberstehen muss. Dafür treten bei der Analyse die eher kurzfristigen Aspekte der Trends in den Vordergrund. In der Praxis werden über eine Trendanalyse identifizierte Impulse, wie etwa Micro-Trends, schwache Signale oder bereits existierende, hochinnovative Produkte anderer Unternehmen als konkrete Inspiration für den Innovationsprozess genutzt und in den Kontext des eigenen Unternehmens gesetzt.

Strategische Innovation

Liegt bei der Produktinnovation der Schwerpunkt auf einem neuen Angebot für Märkte, auf denen das Unternehmen bereits aktiv ist, oder bestenfalls für angrenzende Märkte, rückt bei der strategischen Innovation die grundlegende Veränderung des Angebots in den Fokus. Das Geschäft eines Unternehmens soll nicht nur besser, sondern grundlegend anders gestaltet werden. Entsprechend liegt der Suchfokus der Trendanalyse auf großen, möglicherweise disruptiven Veränderungen. Dazu wird bewusst außerhalb des bestehenden Unternehmensumfelds gesucht.

So wird etwa gezielt nach neuen Märkten gesucht, die heute noch nicht sichtbar oder sehr klein sind, aber getrieben von Trends zukünftig stark wachsen werden. Technologietrends können neue Produktklassen ermöglichen, die bisher gar nicht oder nur sehr aufwändig herstellbar waren. Zudem entstehen neue Optionen in der Erbringung der Unternehmensleistung, etwa in der Produktion, der Verwaltung oder dem Vertrieb. Auch neue Preis-, Service- und Geschäftsmodelle könnten möglich werden. So wird die Zunahme von Plattformgeschäftsmodellen sogar als eigenständiger Trend verstanden. Identifizierte Ansatzpunkte werden dann systematisch auf ihre Relevanz für das eigene Unternehmen analysiert.

Ebenso wird explizit nach Bedrohungen und Risiken gesucht. Dies ermöglicht die frühzeitige Reaktion des Unternehmens, sollte eine Bedrohung Realität werden. Ein proaktives Handeln kann aber auch neue

Chancen eröffnen, etwa durch die frühzeitige Neuausrichtung des bedrohten Geschäftsfelds bis hin zum Verkauf eines Unternehmensbereichs zu Zeiten, in denen sein Marktwert noch hoch ist.

> Jede Veränderung enthält Chancen und Risiken. Je früher diese erkannt werden, desto vorteilhafter können Chancen genutzt und Risiken vermieden werden.

Investitionsentscheidungen
Eine Investition ist der Einsatz von finanziellen Mitteln für einen langfristigen Verwendungszweck, etwa der Bau eines Gebäudes, die Anschaffung einer Produktionslinie, die Entwicklung eines neuen Produkts oder der Eintritt in einen neuen Markt. Dabei werden zunächst hohe Ausgaben getätigt, die im Verlauf späterer Jahre zuzüglich eines Aufschlags durch das Investitionsobjekt wieder erwirtschaftet werden müssen. Der Aufschlag setzt sich dabei aus den Finanzierungskosten, einer Gewinnerwartung sowie eines von der Art der Investition abhängigen Risikoaufschlags zusammen. Die Amortisationszeit ist der Zeitraum, in der das eingesetzte Kapital inklusive des Aufschlags wieder an das Unternehmen zurückgeflossen ist.

Für eine Investitionsentscheidung muss das Management davon überzeugt sein, dass sich die Investition langfristig rentiert. Dazu werden Investitionsrechnungen durchgeführt, die auf Annahmen über die zukünftigen Entwicklungen der wesentlichen Parameter beruhen, etwa über Märkte, Wertschöpfungsketten, Herstellkosten und politische Rahmenbedingungen. Die Trendanalyse fokussiert sich dabei auf die für das jeweilige Investitionsvorhaben relevanten Rahmenbedingungen, deren Entwicklung analysiert und mögliche Risiken identifiziert werden. Sie liefert die grundlegenden Annahmen, auf denen die Investitionsrechnung beruht.

Praxistipp
In der Praxis der Investitionsrechnung werden die entscheidenden Parameter oft isoliert und ohne systematische Trendmethodik betrachtet. Sind die

> Energiepreise ein wichtiger Kostenfaktor der Investition, so wird etwa die Steigerung der Energiepreise in einem Basis-Szenario zum Beispiel linear in die Zukunft fortgeschrieben. Zur Risikoabschätzung wird zudem ein pessimistisches Szenario mit stark ansteigenden Energiepreisen und ein optimistisches mit weniger stark steigenden Preisen gerechnet. Für kurze Investitionszeiträume kann das Vorgehen ausreichend sein. Bei langen Amortisationszeiten besteht die Gefahr deutlich größerer Veränderungen, die erst über die Betrachtung externer Faktoren sichtbar werden.

Stimulierende Impulse

Trends, bei denen ein großer Einfluss auf das Unternehmen vermutet wird, werden losgelöst von konkreten Fragestellungen analysiert. Zunächst wird dabei der Trend in der Vielfalt seiner Entwicklungen unabhängig von Branche und Geschäftszweck des Unternehmens betrachtet. Die spezifische Situation des eigenen Unternehmens ist auszublenden, um keine relevanten Informationen vorschnell auszusortieren. Erst nach Abschluss der Recherche werden die Erkenntnisse auf die konkreten Belange des Unternehmens hin interpretiert und entstehende Chancen und Risiken abgeleitet, wobei alle Aspekte des Unternehmens wie Produkte, Märkte, Prozesse, Technologien und Mitarbeiter beleuchtet werden.

Da die Ergebnisse mit großer Wahrscheinlichkeit für viele Bereiche im Unternehmen Anregungen enthalten, werden sie oft in Form einer Trendstudie zusammengefasst und unternehmensintern kommuniziert. Bedeutsame Erkenntnisse werden dem jeweils betroffenen Bereich individuell vorgestellt und konkrete Aktivitäten angestoßen.

Risikomanagement

Unternehmen wie Aktiengesellschaften und GmbHs sind gesetzlich zu einem Risikomanagement verpflichtet. Auch für Unternehmen, die nicht unter diese gesetzliche Verpflichtung fallen, leitet sich aus den gesetzlichen Sorgfaltspflichten die Forderung ab, sich in einem angemessenen Rahmen mit möglichen Risiken auseinanderzusetzen. Das Risikomanagement umfasst neben der Identifikation und Bewertung von Risiken auch die Ableitung von Vermeidungsstrategien sowie das Vorgehen im Eintrittsfall.

Insbesondere bei der Identifikation und Bewertung langfristiger, fundamentaler Bedrohungen kann die Trendanalyse wichtige Erkenntnisse beisteuern, aber auch Wege für frühzeitige Gegenmaßnahmen aufzeigen. Manche Risiken werden durch schwer vorhersehbare Einzelereignisse ausgelöst. Dazu ist weniger der Blick auf Trendentwicklungen gefragt, sondern die Analyse der Schwächen und Verwundbarkeiten eines Unternehmens.

In der Praxis findet die Trendbeobachtung selten im Auftrag des Risikomanagements statt. Erkenntnisse durchgeführter Analysen fließen aber als eine Informationsquelle ins Risikomanagement ein.

Ein Wort zu Start-ups
Viele neue Trendentwicklungen werden von Start-ups genutzt, die sich oft sehr viel früher, als es etablierte Unternehmen können, mit innovativen Produkten und Dienstleistungen positionieren. Ihr Geschäftsmodell ist von Beginn an spezifisch auf eine neu identifizierte Chance ausgerichtet. Im Gegensatz zu etablierten Unternehmen müssen sie keine Rücksicht auf existierende Strukturen und Geschäftsbeziehungen nehmen. Sie können sich auch außerhalb etablierter Wertschöpfungsketten positionieren und darüber langfristig vielleicht sogar einen bestehenden Markt disruptiv verändern. Auch ist das anfängliche Geschäftspotenzial meist noch klein und damit für etablierte Unternehmen wenig attraktiv.

Allerdings scheitern auch viele Start-ups, weil sie etwa Entwicklungen falsch einschätzen oder auf eine noch unreife Technologie setzen. Sind Start-ups aber erfolgreich, dann können sie eine Marktnische frühzeitig besetzen und in einem durch einen Trend getriebenen, stark wachsenden Markt von vornherein eine starke Position einnehmen, die sie auch bei einem späteren Markteintritt etablierter Unternehmen verteidigen können.

Meist ist es aber keine systematische Trendanalyse, die zur Gründung eines innovativen Start-ups führt. Neue Gründungsideen basieren regelmäßig auf spezifischen Erfahrungen und Kenntnissen der treibenden Personen hinter der Gründung. Wichtiger als das allgemeine Verständnis der Trendentwicklungen ist die Fähigkeit, konkrete Angebote zu entwickeln und erfolgreich in den Markt einzuführen sowie geeignete (innovative) Geschäftsmodelle zu implementieren. Allerdings ist die

Unterstützung der Geschäftsidee durch starke Trends nicht selten ein Investitionskriterium bedeutender Geldgeber.

Für Unternehmen ist die systematische Beobachtung der Start-up-Szene ein Element der Trendanalyse. Erfolge und Misserfolge von Start-up-Unternehmen sowie das Verhalten von Risikokapitalgebern liefern sehr konkrete Informationen zu jungen Trends – eine wichtige Grundlage für etablierte Unternehmen, über den eigenen Eintritt in einen neuen Markt zu entscheiden.

> **Praxistipp**
> Auch wenn die Trendanalyse bei allen genannten Einsatzbereichen einen Mehrwert schafft, können sich die Schwerpunkte von Unternehmen zu Unternehmen deutlich unterscheiden. Gerade bei der Einführung eines systematischen Vorgehens empfiehlt sich zunächst die Fokussierung auf die Bereiche, bei denen der größte Nutzen zu erwarten ist.

3.3 Organisatorische Verankerung

Heutige Unternehmen siedeln die Trendanalyse in unterschiedlichen Bereichen an. Wichtigstes Kriterium dafür sind die im vorigen Abschnitt erläuterten Einsatzbereiche bzw. Zielsetzungen der Aktivitäten, aber auch der Stellenwert, den der Blick in die Zukunft im Unternehmen einnimmt. So ist das Trendteam teilweise direkt dem Geschäftsführer oder dem Konzernvorstand unterstellt.

Nicht selten spielen aber auch triviale Aspekte eine Rolle. In welchen Bereichen sind die erforderlichen Kompetenzen bereits vorhanden? Wo sind Ressourcen verfügbar? Wo gab es bereits Aktivitäten, an die man anknüpfen kann? Und wie zukunftsorientiert ist das jeweilige Management? In größeren Unternehmen gibt es mitunter mehrere Bereiche, die sich unabhängig voneinander mit Trends beschäftigen.

In vielen Unternehmen ist die Trendanalyse eine strategische Aufgabe und daher regelmäßig in der Strategieabteilung angesiedelt. Große Unternehmen halten dedizierte Personen oder Teams vor. Bei Konzernen findet man gelegentlich auch eigenständige Corporate Foresight Abteilungen.

Mittelständische Firmen haben oft keine größeren Strategiebereiche. Die Aufgabe der Trendanalyse ist dann anderen Abteilungen zugeordnet. Unternehmen, die nah am Endkunden agieren, legen den Fokus auf Markt- und Gesellschaftstrends. Entsprechend ist die Trendanalyse häufig im Marketingbereich angesiedelt. Technologie-basierte Firmen beschäftigen sich intensiv mit Technologietrends, bei denen Expertenwissen gefragt ist. Die Verantwortung für die Trendanalyse liegt dann regelmäßig in technischen Bereichen wie etwa der Forschung oder der Entwicklung.

Nicht alle Unternehmen beschäftigen sich ganzjährig mit Trends, sondern nur im Vorfeld der strategischen Planung oder anlassbezogen bei anstehenden größeren Entscheidungen. Die Analyse findet in Form eines zeitlich abgegrenzten Projekts statt, wobei die durchführenden Personen dazu aus verschiedenen Unternehmensbereichen zusammengezogen oder eingebunden werden.

Häufig halten Unternehmen nur geringe eigene Ressourcen für die Trendarbeit vor, greifen dafür auf Trendstudien zurück und nutzen externe Dienstleister. So kann viel Trendwissen ins Unternehmen geholt werden. Die Interpretation der Informationen auf die konkrete Situation des Unternehmens können aber nur bestens mit dem Unternehmen vertraute Personen leisten. Welche Punkte dabei zu beachten sind, beschreibt Kap. 9.

Zur Vereinfachung werden in diesem Buch die durchführenden Personen der Trendanalyse als Trendteam bezeichnet, unabhängig davon, wie viele Personen dies sind, wo diese Personen in der Organisation angesiedelt sind und ob sie dauerhaft oder nur zeitlich begrenzt zusammenarbeiten.

Ihr Transfer in die Praxis

- Überlegen Sie, bei welchen Entscheidungen der Vergangenheit ein besseres Verständnis zukünftiger Entwicklungen nützlich gewesen wäre.
- Bei welchen Einsatzbereichen in Ihrem Unternehmen erwarten Sie von der Trendanalyse den größten Mehrwert?
- Überlegen Sie sich, wo die Trendanalyse in Ihrem Unternehmen organisatorisch verankert werden sollte.

4

Trendrecherche: Trendinformationen sammeln

> **Was Sie aus diesem Kapitel mitnehmen**
>
> - Ein breites Spektrum möglicher Recherchequellen.
> - Die Einteilung der recherchierten Informationen in Zeithorizonte.
> - Eine Einschätzung, wie sich die Zukunft in den Zeithorizonten ändern könnte.

4.1 Recherche

Jede Trendanalyse startet mit der Suche nach Informationen. Dabei werden zunächst möglichst breit Informationen recherchiert und gesammelt. Eine Interpretation der Informationen wird bewusst aufgeschoben, um sich nicht frühzeitig auf ein festes Bild zu fokussieren, das unweigerlich zu einer Beeinflussung der weiteren Suche führen würde.

Wie groß der Suchraum für Trendinformationen ist, veranschaulicht das von dem australischen Zukunftsforscher Sohail Inayatullah eingeführte *Zukünfte-Dreieck* [6] (Abb. 4.1). Mit den drei Ecken für den *Stoß der Gegenwart,* dem *Gewicht der Vergangenheit,* sowie dem *Sog der*

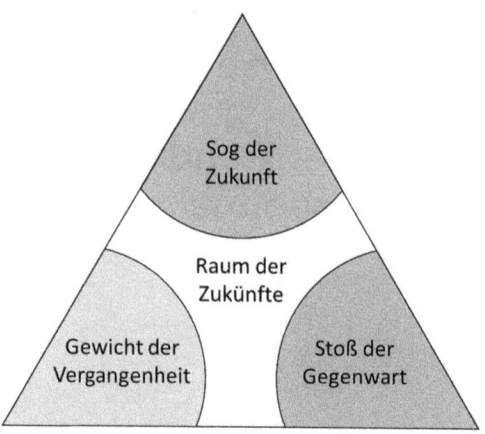

Abb. 4.1 Zukünfte-Dreieck, Bildquelle: [7]

Zukunft zeigt es die drei wesentlichen Triebkräfte, die die Zukunft gestalten. Um Trends zu verstehen, müssen wir nach Informationen aus diesen drei Bereichen recherchieren

Der *Stoß der Gegenwart* umfasst die heute sichtbaren Veränderungen: konkrete Anzeichen aktueller Trends, schwache Signale neuer Trends und auch einmalige, zeitlich begrenzte Entwicklungen. Im *Stoß der Gegenwart* suchen wir nach aktuellen Informationen.

Das *Gewicht der Vergangenheit* ist der über die Jahre hinweg etablierte Status quo, der sich nicht ohne weiteres ändern lässt und so Trendentwicklungen bremsen oder gar verhindern kann. Wir suchen nach Gesetzen, technischen oder gesellschaftlichen Normen, etablierten Prozessen, aber auch nach kulturellen Barrieren oder vorhandener Infrastruktur, deren Weiterbetrieb meist günstiger ist als die Umsetzung einer innovativen Alternative. Mit dem *Gewicht der Vergangenheit* analysieren wir das bestehende System mit seinen heutigen Zwängen.

Unter dem *Sog der Zukunft* verstehen wir den Antrieb zur Veränderung. Wir suchen nach Wünschen und Zielen wie sie sich in formulierten Absichtserklärungen, (Unternehmens-) Visionen und politischen Programmen manifestieren. Der *Sog der Zukunft* zeigt sich in Patentanmeldungen, Förderprogrammen, Start-up-Finanzierungen und vielen anderen Quellen. Im *Sog der Zukunft* suchen wir nach den

Zukunftsvorstellungen wichtiger Akteure, die mit ihren Ideen die Welt gestalten oder zumindest beeinflussen.

Neben der zeitlichen Perspektive ist zudem eine thematisch breite Suche sicherzustellen. Hierfür empfiehlt sich eine geeignete Struktur wie beispielsweise die in Abschn. 1.6 vorgestellte STEEP-Kategorisierung (abgleitet aus *Social*, *Technological*, *Economic*, *Ecological* und *Political Change*), die im Rahmen der Recherche befüllt wird. Je nachdem, ob neue Trends identifiziert oder erkannte Trends vertieft werden sollen, ändern sich Fokus und Detaillierungsgrad der Recherche. Unabhängig davon bleiben die drei Triebkräfte des Zukünfte-Dreiecks für ein Verständnis zukünftiger Entwicklungen wichtig.

4.2 Recherchequellen

Ein guter Start in die Recherche sind Publikationen und Internetseiten von Trend- und Beratungsunternehmen. Viele grundlegende Informationen werden kostenfrei zur Verfügung gestellt, andere können käuflich erworben werden. Auch viele andere Unternehmen veröffentlichen ihre Trendstudien im Rahmen des Unternehmensmarketings. Auch wenn diese Dokumente aus der spezifischen Sicht des Herausgebers verfasst sind, stellen sie einen guten Ausgangspunkt für die eigene Recherche dar.

> **Typische Recherchequellen**
> - Klassische Medien (Zeitungen, Zeitschriften, Fachliteratur ...)
> - Wissenschaftliche Publikationen
> - Internetseiten von Trend- und Beratungsunternehmen
> - Datenbanken von Trend- und Beratungsunternehmen
> - Freie Internetsuche
> - Newsletter und Newsfeeds
> - Start-ups, innovationsführende Unternehmen
> - Unternehmens- und Finanzmeldungen
> - Patentanmeldungen
> - Messen, Konferenzen, Seminare
> - Zukunftskonferenzen
> - Fachreisen
> - Unternehmensinterne und -externe Netzwerke

Zu jedem Megatrend und vielen kleineren Trends findet sich so im Internet relativ umfangreiches, frei verfügbares Material. Diese erste Informationsbasis generiert viele Stichworte, über die weitere Informationen recherchiert werden können, die zwar über das Internet zugänglich, aber nicht mehr direkt mit dem Trendnamen verbunden sind.

Nach wie vor sind die klassischen Medien wie Zeitungen, Zeitschriften und Fachliteratur ergiebige Informationsquellen. Wissenschaftliche Publikationen dienen als Quelle neuester Entwicklungen. Es kann gezielt nach Start-ups, Unternehmens- und Finanzmeldungen, Patentanmeldungen und vielem anderen recherchiert werden. Es lohnt eine intensivere Beschäftigung mit Firmen, die auf der einen oder anderen Art von dem Trend profitieren oder ein entsprechendes Angebot bereits im Markt haben.

Kostenlose oder kostenpflichtige Newsletter und Newsfeeds bieten die Möglichkeit, sich regelmäßig über ausgewählte Themen zu informieren. Um nicht in einer Flut von unterschiedlichen Newslettern unterzugehen, empfehlen sich Portale wie Feedly [8], die nicht nur einen strukturierten Zugang zu einer Vielzahl von Newsfeeds bieten, sondern auch mittels KI-Algorithmen erwünschte von unerwünschten Nachrichten selektieren können.

Einige Trendberatungen bieten kostenpflichtige Datenbanken mit strukturierten Trendinformationen an. Moderne Datenbanken basieren auf automatisierten, durch Künstliche Intelligenz gestützte Recherchen (etwa [1]). Sie bieten eine logische Ordnungsstruktur und viele Möglichkeiten der gezielten Suche. Das Spektrum reicht von qualitativen Trendimpulsen bis zu quantitativen Angaben. Gute Datenbanken können bei vielen Themen die eigene Recherche deutlich vereinfachen und damit viel Zeit einsparen. Insbesondere liefern sie einen schnellen ersten Überblick über die Vielfalt an Trends (siehe beispielsweise Tab. 1.1) sowie ein nützliches Ordnungsschema, wie etwa die in Abschn. 1.6 vorgestellte Einordnung in Megatrends, Makro-Trends und Micro-Trends der Firma TrendOne.

Nicht alle Informationsquellen sind sofort verfügbar. Die Teilnahme an Messen, Konferenzen oder Seminaren mit thematischer Nähe zum Trend ermöglicht oft einen kompakten Einstieg in ein wenig bekanntes Thema. Nicht immer passt der Zeitpunkt der Veranstaltungen zum

Zeitplan der Trendanalyse. Dennoch lohnt sich kurz nach der Trendauswahl, die Veranstaltungen einschlägiger Veranstalter auf geeignete Angebote hin zu prüfen. Umgekehrt kann auch eine dieser Veranstaltungen den Startpunkt einer Analyse bilden.

Zukunftskonferenzen decken ein breites Themenspektrum ab und werfen einen Blick in die weitere Zukunft. Die Inhalte sind oft visionär und provokativ und bringen überraschende und ungewöhnliche Entwicklungen in die Aufmerksamkeit. Die Beschäftigung mit den Überlegungen und Denkweisen von Futuristen und Zukunftsforschern erweitert den eigenen Denkhorizont und öffnet den Blick für unkonventionelle Möglichkeiten. Zukunftskonferenzen haben zwar inhaltliche Schwerpunkte, der spezifische Informationsgehalt für eine konkrete Trendrecherche ist aber oft gering.

Es ist ein großer Unterschied, Berichte über Neuerungen zu lesen und zu hören oder sie mit eigenen Augen gesehen zu haben. Jeder Bericht ist schon durch die Auswahl der Fakten, die erwähnt werden oder unerwähnt bleiben, nur ein Teil der Wahrheit. Mit dem Ziel einer Trendanalyse für das eigene Unternehmen würde man vermutlich andere Fragen stellen und die Antworten mit einem anderen Fokus interpretieren. Daher ist zur Erhärtung wichtiger Erkenntnisse – wo möglich – ein eigener Eindruck sinnvoll. Reisen in Regionen, bei denen Anzeichen oder Auswirkungen des Trends direkt zu beobachten sind, oder Besuche bei Firmen, die als Vorreiter in dem Umfeld gelten, vertiefen das eigene Verständnis und ermöglichen die bessere Interpretation der Sekundärrecherchen. Warum eine technische Innovation nicht einmal selbst ausprobieren? Oder zumindest mit jemandem sprechen, der sie bereits genutzt hat?

Häufig ist im Unternehmen bereits viel Wissen zu einem Trend vorhanden. So ist die Einbindung progressiver Bereiche und Abteilungen lohnenswert, die sich im Rahmen ihrer Aufgabe möglicherweise mit einzelnen Aspekten bereits beschäftigen. Auch wenn dort der Schwerpunkt auf aktuellen und im Vergleich zu einer Trendanalyse eher kurzfristigen Entwicklungen liegt, kann leicht wertvolles Wissen aufgenommen werden.

Viel Wissen steckt zudem in den Köpfen der einzelnen Mitarbeiter, von denen viele sich auch außerhalb ihrer Tätigkeit im Unternehmen mit möglicherweise relevanten Themen beschäftigen. Das kann ein Mitarbeiter mit technischer Ausbildung sein, der sich in seinem früheren Spezialgebiet auf dem neuesten Stand hält. Oder Personen, die aufgrund ihres privaten Hintergrunds besonders affin zu einer spezifischen Trendentwicklung sind. Da das spezielle Wissen dieser Personen im Berufsumfeld oft nicht sichtbar ist, sind sie schwer zu identifizieren. Über einen Aufruf zur Unterstützung beim Start einer Trendanalyse können sich solche Personen beim Trendteam melden.

Mit der Zeit baut sich so ein Netzwerk innerhalb des Unternehmens auf, das für spätere Trendanalysen immer wieder genutzt werden kann. Dazu müssen die Kontakte regelmäßig gepflegt werden, indem sie etwa vom Trendteam zu internen Veranstaltungen eingeladen und mit interessanten Trendinformationen versorgt werden. Je stärker sich die einzelnen Personen verbunden fühlen, desto hilfreicher ist das Netzwerk bei der Analyse.

> **Praxistipp**
>
> Neben dem Sammeln von Informationen verankert ein unternehmensinternes Netzwerk die Trendanalyse breit im Unternehmen. Das steigert ihre Akzeptanz und erhöht die spätere Wirksamkeit der Ergebnisse.

Neben unternehmensinternen Netzwerken nehmen externe Netzwerke bei der Trendrecherche einen besonderen Stellenwert ein. Sie ermöglichen einen Austausch zwischen verschiedenen Unternehmen und unterschiedlichen Branchen. Da jeder Teilnehmer einen anderen, für seine Situation spezifischen Blickwinkel mitbringt, ergeben sich oft überraschende Erkenntnisse mit hohem Mehrwert für die Trendanalyse. Gerade Trendanalysten sind oftmals breit über das eigene Unternehmen hinaus vernetzt, was nicht zuletzt an der häufigen Teilnahme an externen Veranstaltungen liegt, bei denen Kontakte geknüpft werden.

Externe Netzwerke legen den Fokus auf übergreifende Entwicklungen, bei denen der Wettbewerbsgedanke unter den beteiligten Firmen noch keine Rolle spielt, so dass ein freier Gedankenaustausch möglich ist. Erst bei der spezifischen Interpretation der Erkenntnisse ist entsprechende Vorsicht bei Gesprächen mit anderen Firmen angeraten.

Einige Dienstleister führen Unternehmen in moderierten Trend-Netzwerken zusammen, kümmern sich um die Organisation und den fachlichen Austausch. Beispiele dafür sind der *Future Circle* des Zukunftsinstituts [2] und die *Rulebreaker Society* [3]. Daneben gibt es selbstorganisierte Netzwerke von Trendteams verschiedener Unternehmen, die einen regelmäßigen Austausch pflegen und sich oft mehrmals im Jahr treffen. Die Organisation der Treffen wird meist unter den Teilnehmern abgewechselt, so dass sich der Aufwand gleichmäßig verteilt. Genauso wichtig sind die informellen, persönlichen Netzwerke, die sich oft über Jahre aufbauen und keinen festen organisatorischen Rahmen haben.

Mit Beginn der Recherche greift das Trendteam zunächst auf eine Reihe von Informationsquellen zu, die sich in der Vergangenheit bewährt haben und auf die leichter Zugriff besteht. So entsteht schnell ein erstes Grundverständnis, das dann gezielt erweitert wird. Eine Strukturierung der Informationen zeigt Wissenslücken auf, die dann ergänzend recherchiert werden. Auf einige Quellen kann nicht sofort zugegriffen werden, weil relevante Veranstaltungen erst später stattfinden oder wichtige Personen eines Netzwerks nicht erreichbar sind. Annahmen werden sich als falsch oder unbedeutend herausstellen. Das zunehmende Verstandnis wird zu Schleifen und Iterationen führen. Wichtige Fachbeiträge müssen erneut gelesen, erste Gespräche weiter vertieft werden. So gut der Rechercheprozess anfangs strukturiert werden kann, desto stärker wird er später vom Wechselspiel zwischen Erkenntnisgewinn und Informationsbedarf gesteuert.

4.3 Zeithorizonte

Der Fokus der Trendanalyse liegt typischerweise auf einem Zeitraum bis etwa 10 Jahren. Damit sind einerseits die meisten für ein Unternehmen relevanten Zeitskalen abgedeckt. Andererseits ist es sehr schwierig, belastbare Aussagen über eine weiter entfernte Zukunft zu tätigen. Je länger der Zeitraum, desto mehr unvorhersehbare Ereignisse werden die Zukunft beeinflussen, die zum heutigen Zeitpunkt noch durch kein Signal sichtbar und damit auch nicht recherchierbar sind. Aussagen über die weit entfernte Zukunft müssen zwangsläufig qualitativ bleiben.

Tab. 4.1 Zeithorizonte der Trendanalyse

Zukunft	Zeitraum	Haupttreiber der Veränderung	Disruptionsgefahr
nahe	<3 Jahre	eigenes Umfeld	vorhanden
mittlere	3–5 Jahre	zusätzlich: fremdes Umfeld	moderat
ferne	6–10 Jahre	zusätzlich: alle bekannten Faktoren	hoch
weit entfernte	>10 Jahre	zusätzlich: unbekannte Faktoren	wahrscheinlich

Zum Zweck der Analyse kann die Zukunft, wie in Tab. 4.1 dargestellt, grob in vier Zeithorizonte eingeteilt werden. Wie später noch erläutert wird, stammen die Treiber der Veränderung innerhalb dieser Zeiträume im Schwerpunkt aus unterschiedlichen Bereichen, wobei der Bereich möglicher Einflussfaktoren mit der Zeit zunehmend größer wird. Zudem steigt die Disruptionsgefahr, also die Wahrscheinlichkeit überraschender Ereignisse mit großen Auswirkungen, die nicht analytisch antizipiert werden können.

Die genannten Jahreszahlen sind als grobe Anhaltspunkte zu verstehen, die abhängig von der übergreifenden Veränderungsgeschwindigkeit einer Branche und vielen weiteren Faktoren variieren können. Auch gibt es keine scharfen Grenzen zwischen den Zeiträumen. Sie stellen vielmehr ein gedankliches Raster dar, die möglichen Auswirkungen verschiedener Einflussfaktoren zeitlich einzuordnen und eine über die Zeithorizonte ausgewogene Analyse zu gewährleisten. Dazu ordnet Abb. 4.2 die verschiedenen Informationsquellen den Zeithorizonten zu.

Gegenwart und Nahe Zukunft (<3 Jahre)

Wenn wir uns mit der Zukunft beschäftigen, dann suchen wir nach dem Neuen, vielleicht nach der einen Entwicklung, die die Welt verändern wird. Wir sollten uns dabei aber immer bewusst sein, dass die nächsten Jahre in der Regel nicht viel anders sein werden als die Gegenwart. Das neue Automodell wird es für einige Jahre unverändert im Angebot geben. Selbst wenn von morgen an nur noch Elektroautos gekauft würden, wird es für viele Jahre noch Tankstellen geben, um die

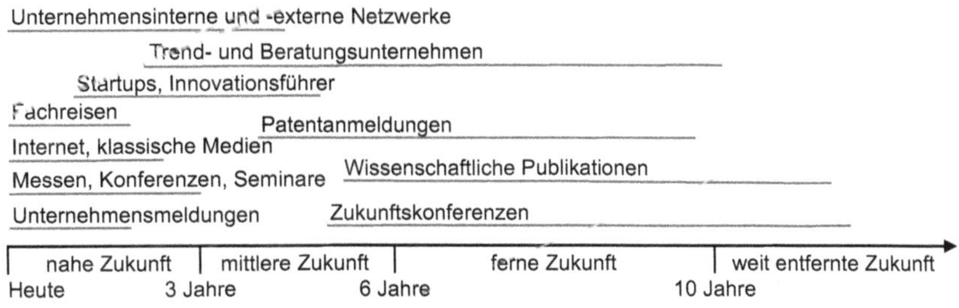

4 Trendrecherche: Trendinformationen sammeln

```
Unternehmensinterne und -externe Netzwerke
         Trend- und Beratungsunternehmen
      Startups, Innovationsführer
Fachreisen
                        Patentanmeldungen
Internet, klassische Medien
Messen, Konferenzen, Seminare   Wissenschaftliche Publikationen
Unternehmensmeldungen          Zukunftskonferenzen

    nahe Zukunft  |  mittlere Zukunft  |    ferne Zukunft   |  weit entfernte Zukunft
  Heute              3 Jahre              6 Jahre              10 Jahre
```

Abb. 4.2 Recherchequellen nach zeitlichem Informationsschwerpunkt

noch vorhandenen herkömmlichen Autos mit Kraftstoff zu versorgen. Und Autos mit klassischen Motoren werden zunächst weiterhin das Straßenbild prägen. Die Zukunft als Ganzes würde sich also nicht sofort ändern. Für die spezifische Zukunft der Automobilbranche wäre ein solches Szenario allerdings disruptiv.

Die nahe Zukunft speist sich wesentlich aus bereits vorhandenen Entwicklungen. Die innovativen Produkte von morgen sind heute schon in der Entwicklung, breite gesellschaftliche Änderungen sind im Kleinen bereits vorhanden, politische Entscheidungen werden schon in Gremien diskutiert. Im großen Bild fallen diese Veränderungen noch nicht auf und sind daher für die meisten Personen noch keine Gegenwart, bis sie verstärkt an die Oberfläche treten und zunehmend sichtbar werden. Das detaillierte Verständnis der Gegenwart in der Vielfalt seiner Facetten liefert damit einen guten Blick in die nahe Zukunft.

Nur Entwicklungen mit einer kurzen Umsetzungszeit beeinflussen die nahe Zukunft. Wird die Vorlaufzeit zu lang, fallen sie aus dem betrachteten Zeitraum heraus. Sie mögen vielleicht schon sichtbar sein, verändern das Geschehen aber nur unwesentlich. Daher stammen die meisten relevanten Änderungen aus dem direkten Umfeld eines Unternehmens, seiner Kunden, seiner Geschäftspartner, den Ländern, in denen es aktiv ist, etc. In manchen Aspekten ist man gar selbst Vorreiter. Aus diesem Grund vermischt sich in der Trendlogik der heutige Zustand eines Trends mit der nahen Zukunft.

Im Sinn des anfangs beschriebenen Diffusionsmodells nach Rogers ermöglicht das Verhalten der frühen Anwender eine Einschätzung der nahen Zukunft. Dort entstehen Neuerungen, die recht bald zu Veränderungen in der Breite führen können. Da diese Personengruppe mit 12,5 % schon einen wesentlichen Anteil der betrachteten Zielgruppe einnimmt, sind Informationen über deren Verhalten an vielfältigen Stellen sichtbar und in geeigneten Quellen auffindbar.

Identifizierte Entwicklungen können für kurze Zeiträume meist gut in die Zukunft weitergedacht werden. Grundlegende Rahmenbedingungen werden sich nicht so schnell ändern. Damit ist die nahe Zukunft gut beschreibbar. Aber natürlich können wichtige Signale schlicht nicht entdeckt worden sein. Auch halten innovative Unternehmen ihre Entwicklungen gegenüber ihren Wettbewerbern gerne geheim. Trotz des relativ kurzen Zeitraums sind daher überraschende Einflüsse nie ganz auszuschließen.

Mittlere Zukunft (3–5 Jahre)
Die mittlere Zukunft ist die Fortführung der nahen Zukunft, aber nicht unbedingt in linearer Form. Der Science Fiction-Autor William Gibson hat es mit den Worten „Die Zukunft ist schon da, sie ist nur ungleich verteilt" zum Ausdruck gebracht. Irgendwo taucht jeder Trend ein erstes Mal auf. Was für Vorreiter bereits Realität ist, wird für Andere erst noch kommen. Die Herausforderung besteht in der Identifikation der interessanten Regionen oder Branchen, die im Trendverlauf vorauseilen, wobei man sich bei der Recherche aufgrund des längeren Zeitraums nicht mehr auf das eigene Umfeld beschränken darf, sondern über Branchen- und Ländergrenzen hinweg suchen muss.

So schauen wir auf das Silicon Valley der USA, um den nächsten großen Digitaltrend nicht zu verpassen, oder nach Japan, um die Auswirkungen einer alternden Gesellschaft zu verstehen. Wir sehen in Afrika innovative Smartphone-basierte Geschäftsmodelle und auch, wie der Weltraum international in den Fokus staatlicher und zunehmend privatwirtschaftlicher Interessen tritt. Entscheidend ist die Analyse, ob und wie sich die gesehenen Entwicklungen auf das unternehmensrelevante Umfeld auswirken werden.

Im Sinne des Diffusionsmodells nach Rogers rückt nun die kleine Gruppe der Innovatoren in den Fokus. Diese müssen identifiziert und deren Ideen und Lösungen analysiert werden. Heutige Startups können bei Erfolg in 3 bis 6 Jahren etablierte Branchen verändern, wie es aktuell durch Fintechs im Bereich der Finanzbranche geschieht. Konkrete Geschäftsmodelle und Innovationen, die bestehende Ansätze in Frage stellen und intelligente neue Lösungen bieten, sind mögliche Ausgangspunkte größerer Veränderungen. Allerdings wird nicht jede Neuerung auch von weiteren Teilen der Bevölkerung angenommen. Vieles bleibt in der Nische oder verschwindet wieder. Es steigt die Unsicherheit der konkreten Prognose.

Aber auch die mittlere Zukunft wird sich in Vielem nicht so sehr von der Gegenwart unterscheiden. Zwar gibt es Branchen oder Bereiche, die von hoher Dynamik geprägt sind. Andere wiederum entwickeln sich nur langsam. Sie werden möglicherweise erst über Sekundäreffekte beeinflusst. Um im Beispiel der Finanzbranche zu bleiben: Fintechs verändern unmittelbar die Finanzbranche. Die entstehenden innovativen Finanzprodukte beeinflussen aber auch das Zahlungsverhalten von Konsumenten und verändern darüber den Einzelhandel.

Ferne Zukunft (6–10 Jahre)
Je weiter wir in die Zukunft blicken, desto größer werden die Unsicherheiten. Wurde schon die mittlere Zukunft von Faktoren außerhalb des direkten Umfelds beeinflusst, treten nun zunehmend Veränderungen ein, die heute gar nicht absehbar sind. Innerhalb von 10 Jahren können Dinge entstehen, die wir uns noch nicht vorstellen können. Wer hätte zu Zeiten der schnurgebundenen Telefonie gedacht, dass wir wenige Jahre später überall auf der Welt unter derselben Telefonnummer erreichbar sein werden? Und dann doch lieber „SMSen" und später dann „chatten" als zu telefonieren – Worte, die es mit dieser Bedeutung damals noch gar nicht gab.

Aus der Vergangenheit wissen wir, dass immer wieder größere Ereignisse eintreten, die die Welt stärker verändern. Finanz- und Wirtschaftskrisen können grundlegende wirtschaftliche Systeme in Frage stellen, Länder können sich politisch öffnen oder abschotten, eine weitere Pandemie verändert das soziale Zusammenleben. Solche Entwicklungen können für einige Unternehmen dramatische Folgen haben, Andere profitieren von der Veränderung. Auch die Wahrscheinlichkeit überraschender disruptiver Ereignisse nimmt mit der Zeit immer mehr zu. Mit hoher Wahrscheinlichkeit werden wir in einem Zeithorizont von 10 Jahren disruptive Ereignisse sehen. Wir können nur noch nicht sagen, wie diese dann aussehen und ob sie Auswirkungen auf unser Unternehmen haben werden.

Um dennoch ein Bild der fernen Zukunft zu gewinnen, müssen einerseits bereits erkennbare Änderungen recherchiert werden. Andererseits muss bei der Analyse die Wahrscheinlichkeit disruptiver Ereignisse berücksichtigt werden. Der Umgang mit Disruptionen wird in Abschn. 5.1 erläutert. An dieser Stelle wollen wir uns mit dem Erkennen früher Signale beschäftigen.

Frühe Vorläufer für den Bereich der Technologien finden sich im universitären Umfeld und den Forschungslaboren großer Unternehmen. Gerade in der grundlegenden Forschung arbeiten die meisten Firmen eng mit der Wissenschaft zusammen, so dass viele Impulse wissenschaftlichen Publikationen zu entnehmen sind. Dazu ist Fachexpertise erforderlich, die zwar in der erforderlichen Breite im Unternehmen meist nicht vorhanden ist, aber extern zugekauft werden kann.

Ebenfalls ist die Übersetzung der wissenschaftlichen Erkenntnisse in zukünftige Anwendungen schwierig. Der Weg von einem Forschungsergebnis in die Anwendung läuft nicht gradlinig und wird von den unterschiedlichsten Faktoren beeinflusst. Auch die Realisierungszeiten sind höchst unsicher. So können meist nur sehr generelle Erkenntnisse gewonnen werden, deren Bedeutung allerdings erheblich sein kann.

Im Zeitraum der fernen Zukunft liegt die Aufmerksamkeit generell auf übergreifenden Veränderungen. So wird der Wunsch nach individueller Mobilität mit hoher Wahrscheinlichkeit auch in der fernen Zukunft weiter zunehmen. Die aktuelle Dynamik in der technischen Entwicklung des autonomen Fahrens, der zunehmenden Koordination von Mobilitätsketten und einem immer einfacheren Zugang des Reisenden zu einer Vielfalt unterschiedlicher Mobilitätslösungen skizziert schon ein recht gutes Bild. Dennoch werden politische Entscheidungen, Kosten- und Einkommensentwicklungen, mögliche Technologiesprünge und Vieles mehr die Rahmenbedingungen verändern. Es wäre daher gewagt, bereits prognostizieren zu wollen, welche Fahrzeuge – vom Zug über das private oder geteilte Auto, dem Bus, dem Taxi, dem Fahrrad bis zum E-Scooter – wie stark vertreten sein werden.

Viele dieser übergreifenden Änderungen sind bereits in Form von Trends beschrieben. Im Zeitraum der fernen Zukunft sind Wechselwirkungen der Trends untereinander sehr wahrscheinlich. Die bekannten Trends können dabei auf ihren möglichen Einfluss geprüft werden, wobei auch indirekte Wirkmechanismen betrachtet werden. So kann ein Gesellschaftstrend Konsumgewohnheiten verändern, die sich auf die Nachfrage bestimmter Produktkategorien auswirken und darüber eine Technologieentwicklung beschleunigen oder bremsen können.

Für die Identifikation wahrscheinlicher (und unwahrscheinlicher) Wechselwirkungen bietet sich eine kreative Vorgehensweise an, in der zunächst verschiedenste, auch zunächst verrückt erscheinende Möglichkeiten gesammelt und dann in einem zweiten Schritt auf Sinnhaftigkeit geprüft werden. Eine kreative Herangehensweise hilft, auf der Vergangenheit beruhende Denkmuster zu durchbrechen, die für die Zukunft möglicherweise nicht mehr gültig sind, uns aber hindern, die ganze Breite möglicher Entwicklungen zu erkennen.

Aufgrund vieler zukünftiger Entscheidungspunkte liefert die Recherche zur fernen Zukunft immer ein Spektrum von Möglichkeiten anstelle eines einzelnen Bildes. Viele Aspekte können nicht mehr recherchiert werden, sondern müssen aus anderen Informationen argumentativ abgeleitet werden. Das Verständnis der Abhängigkeiten und Mechanismen ist ein wichtiges Ergebnis der Recherche und hilft bei der Beurteilung möglicher alternativer Trendentwicklungen.

Für die ferne Zukunft bildet das Bild der mittleren Zukunft den Ausgangspunkt für die neu recherchierten Impulse. Die für die mittlere Zukunft erkannten Entwicklungen werden sich zu einem großen Teil fortsetzen, werden aber mit den neuen Erkenntnissen in Verbindung gebracht und zu einem Gesamtbild verschmolzen. Dabei werden in der Regel mehrere mögliche Zukunftsbilder entstehen, die gleichberechtigte Antworten auf die Frage nach der fernen Zukunft darstellen.

Weit entfernte Zukunft (>10 Jahre)
Die weit entfernte Zukunft entwickelt sich aus der bereits mit großen Unsicherheiten behafteten fernen Zukunft heraus. Für die weit ent-

fernte Zukunft müssen wir zusätzlich mit Faktoren rechnen, die heute noch gar nicht existieren und die wir möglicherweise für absurd halten würden, würden wir sie kennen. Vieles davon ist nicht im Rahmen einer Recherche zu identifizieren. Entsprechend schwierig ist die Entwicklung eines konkreten Zukunftsbilds.

Auch wenn die Details der fernen Zukunft nicht vorhersagbar sind, können grundlegende Eigenschaften durchaus abgeleitet werden. Einen groben Rahmen bilden Megatrends, die oft deutlich länger als zehn Jahre anhalten. Ein Unternehmen, dessen Geschäft auf Angeboten rund um einen spezifischen Megatrend aufbaut, wird also auch langfristig in einem attraktiven Markt agieren. Kommen mehrere Megatrends zusammen, steigt die Wahrscheinlichkeit eines positiven Umfelds weiter an.

Neben Megatrends liefern auch andere Quellen gute Anhaltspunkte. Im September 2015 haben sich die Vereinten Nationen auf 17 „Ziele für nachhaltige Entwicklung" verständigt, die bis 2030 erreicht werden sollen [4]. Allein dadurch, dass diese Ziele in den Fokus von Regierungen gerückt wurden, sind in diesen Bereichen vermehrte Aktivitäten zu erwarten, die die Zukunft prägen werden. Politische Agenden oder Zielsetzungen globaler Institutionen geben also ebenfalls Hinweise auf wahrscheinliche Veränderungen.

Ziele für nachhaltige Entwicklung der UN [4]

- Keine Armut
- Kein Hunger
- Gesundheit und Wohlergehen
- Hochwertige Bildung
- Geschlechtergleichheit
- Sauberes Wasser und Sanitäreinrichtungen
- Bezahlbare und saubere Energie
- Menschenwürdige Arbeit und Wirtschaftswachstum
- Industrie, Innovation und Infrastruktur
- Weniger Ungleichheiten
- Nachhaltige Städte und Gemeinden
- Nachhaltiger Konsum und Produktion
- Maßnahmen zum Klimaschutz

- Leben unter Wasser
- Leben an Land
- Frieden, Gerechtigkeit und starke Institutionen
- Partnerschaften zur Erreichung der Ziele

Die weit entfernte Zukunft wird sich in vielen Aspekten deutlich von der Gegenwart unterscheiden. Aber nicht alles wird sich ändern. Viele Rahmenbedingungen wie die Kultur und die Werte einer Gesellschaft ändern sich auch im Verlauf eines Jahrzehnts nur geringfügig. Wir werden weiterhin Essen und Schlafen müssen, wir werden Kleidung brauchen und Vergnügungen suchen. Die grundlegenden menschliche Bedürfnisse und Motivationen, wie sie etwa die Bedürfnispyramide von Maslow [5] beschreibt, werden den zukünftigen Entwicklungen Leitplanken geben, innerhalb derer sich die Zukunft abspielen wird.

Ihr Transfer in die Praxis
- Schaffen Sie sich eine gute Basis an Informationsquellen für die Trendrecherche, die alle Zeithorizonte angemessen abdeckt.
- Suchen Sie den Kontakt zu Trendanalysten anderer Unternehmen und Zukunftsforschern und beginnen Sie, Ihr eigenes Netzwerk aufzubauen.
- Vernetzen Sie sich mit anderen Stellen im Unternehmen, die aufgrund ihrer Aufgabe Zukunftswissen besitzen oder benötigen.
- Nutzen Sie die nun vorhandenen Informationsquellen für die Recherche zu einem ersten Trend. Wählen Sie dazu zunächst einen bekannten Trend, zu dem es viele Informationen gibt.
- Sind Sie zufrieden mit dem Rechercheergebnis? Falls nicht, erweitern Sie Ihre Recherchequellen.

Literatur

1. Itonics (o. J.). *Mit Foresight zu smarten Entscheidungen.* https://www.itonics-innovation.de/foresight-features#signals-feed. Zugegriffen: 04.02.2024
2. Zukunftsinstitut (o. J.). *Future Circle.* https://zukunftsinstitut.de/future-circle/. Zugegriffen: 04.02.2024
3. Rulebreaker Society (o. J.). *Rulebreaker Society.* https://www.rulebreaker-society.com/. Zugegriffen: 04.02.2024

4. UNRIC – Regionales Informationszentrum der Vereinten Nationen (o. J.). *Ziele für Nachhaltige Entwicklung.* https://unric.org/de/17ziele/. Zugegriffen: 04.02.2024
5. Maslow A. (1943). *A Theory of Human Motivation.* Psychological Review. 1943, Vol. 50 #4
6 Inayatullah, S. (2008). Six pillars: futures thinking for transforming. Futures 10 (1): 4-28.
7 Blechschmidt, J. (2023). Wie Zukunft entsteht. Independently published.
8 Feedly (o. J.). Track insights across the web without having to read anything. https://feedly.com/. Zugegriffen: 30.12.2023

5

Trendanalyse: Auswirkungen verstehen

> **Was Sie aus diesem Kapitel mitnehmen**
>
> - Eine pragmatische Methodik zur Strukturierung der Trendinformationen.
> - Ein Vorgehen zur Analyse eines Trends mit seinen Wirkmechanismen.
> - Wie die Anzeichen eines Trends systematisch in die Zukunft weitergedacht werden können.
> - Wie die Erkenntnisse auf die spezifische Situation des Unternehmens angewandt werden können.
> - Ein partizipativer Ansatz, Trends im Rahmen eines Workshops zu analysieren.

5.1 Analyse

Die Analyse setzt die in der Recherche gewonnenen Informationen in einen übergreifenden Kontext und erzeugt ein in sich geschlossenes, stimmiges Bild. Da wir uns aber mit der Zukunft beschäftigen, gibt es kein objektives Richtig oder Falsch. Zur Einschätzung der Qualität der Information gesellen sich nun noch implizite oder explizite Annahmen zu ihrem Einfluss auf die Zukunft. Kap. 6 erläutert einige typische Denkfehler, die dabei passieren können.

In der Praxis finden sich unterschiedlichste Vorgehensweisen bei der Analyse der recherchierten Informationen. Die Methode darf die Veränderung nicht nur singulär betrachten. Es ist ein Verständnis für das gesamte System zu entwickeln, über die relevanten Akteure und Einflussfaktoren, aber auch über die Hindernisse, die einem Trend entgegenstehen. Die hier vorgestellte Methodik führt zu einem gesamtheitlichen, umfassenden Ansatz der Trendanalyse und darüber zu einer weitgehend neutralen Sicht auf die Zukunft. Menschliche Eigenarten wie etwa eine zu optimistische Sicht auf Entwicklungen, die man persönlich für wünschenswert hält, werden vermieden und der Blick für die heute noch schwer sichtbaren Signale wird geschärft.

Tiefe und Umfang der Analyse hängen von der Zielsetzung ab. Manche Trendanalysen begnügen sich mit der Identifikation von Impulsen für den Innovationsprozess. Andere zielen auf konkrete Handlungsempfehlungen an das Management und sind Ausgangspunkt wichtiger strategischer Weichenstellungen. Dann ist die Analysephase zeitlich ähnlich aufwändig wie die Recherche. Zudem entsteht während der Analyse häufig weiterer Informationsbedarf, so dass sich Recherche und Analyse wechselseitig beeinflussen.

> **Praxistipp**
>
> Eine schlüssige Methodik ist ein wichtiges Qualitätsmerkmal der Trendanalyse. Es wird viel über die Zukunft geschrieben, aber nicht alles davon ist eine gute Grundlage unternehmerischer Entscheidungen.

5.2 Trendmikrokosmos

Um ein in sich stimmiges Bild der Zukunft zu erarbeiten, müssen die vielen gesammelten Informationen strukturiert und in einen logischen Zusammenhang gebracht werden. Eine Möglichkeit dazu bietet der hier vorgestellte Trendmikrokosmos (Abb. 5.1). Er konkretisiert und strukturiert die Elemente des in Abschn. 4.1 vorgestellten

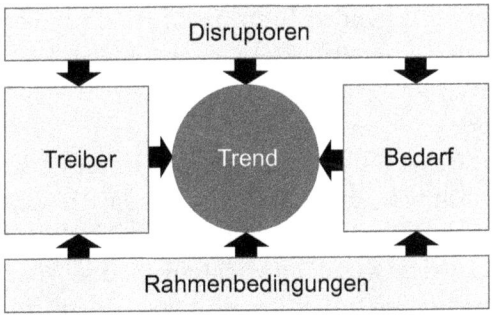

Abb. 5.1 Der Trendmikrokosmos

Zukünfte-Dreiecks. Der Trendmikrokosmos ermöglicht ein Verständnis der Einflussfaktoren und Wechselwirkungen, durch die ein Trend entsteht und sich entwickelt.

Er enthält fünf Kategorien: den *Trend* selbst sowie die vier gestaltenden Elemente *Treiber, Bedarf, Rahmenbedingungen* und *Disruptoren*, denen die recherchierten Informationen zugeordnet werden. Die Pfeile zwischen den Kategorien symbolisieren die gegenseitige Beeinflussung.

> **Kategorien des Trendmikrokosmos**
> - Im Mittelpunkt steht der ausgewählte *Trend* zum Zeitpunkt der Betrachtung.
> - *Treiber* führen zu neuen oder veränderten Ausprägungen des Trends.
> - Der *Bedarf* beschreibt den Nutzen und die Nachfrage nach dem Trend.
> - *Rahmenbedingungen* geben die Grenzen vor, in denen sich der Trend entwickeln kann.
> - *Disruptoren* sind überraschende Ereignisse, die etablierte Mechanismen zerstören können.

Kategorie Trend

In der Kategorie *Trend* wird der ausgewählte Trend in seinem aktuellen Zustand beschrieben. Hier werden alle identifizierten Anzeichen und Ausprägungen gesammelt. Dabei geht es zunächst nicht um eine ausformulierte Beschreibung, sondern um das reine Zuordnen und

Strukturieren der vorliegenden Informationen. Grundlage dafür ist eine klare Definition und Abgrenzung des zu analysierenden Trends.

Kategorie Treiber
Treiber beeinflussen den Trend unmittelbar. In dieser Kategorie werden alle Faktoren gesammelt, die sich direkt auf die Trendentwicklung auswirken. Das können hilfreiche Technologien sein, die Verfügbarkeit von Fachpersonal, günstige Kostenentwicklungen und vieles andere mehr. Viele Treiber wurden bereits bei der Recherche identifiziert. Weitere lassen sich meistens aus der in der Kategorie *Trend* gelisteten Anzeichen und Ausprägungen ableiten.

Für eine neutrale Trendbewertung werden allerdings nicht nur die positiven Faktoren, sondern auch die negativen, hemmenden Treiber gesammelt. Das ermöglicht später die saubere Abwägung beider Arten und verhindert in der Analyse die Überschätzung der Trendentwicklung. Beispiele dafür sind Engpässe bei wichtigen Rohstoffen oder Lücken in der Wertschöpfungskette.

Bei den *Treibern* sind die Schlüsselfragen: Was ermöglicht den Trend? Was treibt ihn? Was hemmt ihn?

Kategorie Bedarf
In der Kategorie *Bedarf* geht es um Personengruppen und Bereiche, die von der Trendentwicklung profitieren oder unter ihr leiden, da jede Veränderung unweigerlich auch zu Verlierern führt, die sich einer Trendentwicklung entgegenstellen werden. Diese Gruppen können einen Trend fördern, blockieren oder in eine andere Richtung lenken. Der Bedarf in den Gruppen kann zudem zu- oder abnehmen oder sich qualitativ ändern. Die Kategorie *Bedarf* entspricht damit der „Nachfrage" nach dem Trend.

Entscheidend dabei ist der empfundene Mehrwert gegenüber dem vorherigen Zustand, der von unterschiedlichen Gruppen unterschiedlich wahrgenommen werden kann. Das Diffusionsmodell von Rogers zeigt, dass die Wahrnehmung als Mehrwert eine wichtige Voraussetzung ist, aber erst den Beginn der Diffusionskurve darstellt. Die zeitliche Komponente muss bei der Analyse entsprechend berücksichtigt werden.

Schlüsselfragen der Kategorie *Bedarf* sind: Wer oder was profitiert? Wer oder was verliert?

Kategorie Rahmenbedingungen
Ein Trend kann nicht losgelöst von seinem Umfeld betrachtet werden. Die vorhandenen *Rahmenbedingungen* beschränken die Möglichkeiten seiner Entwicklung. Sie stecken das Spielfeld ab und legen die Spielregeln fest. *Rahmenbedingungen* können einer Trendentwicklung förderlich sein oder ihr entgegenstehen.

Die *Rahmenbedingungen* umfassen alle Faktoren des Umfelds, die, verglichen mit der Dynamik der Trendentwicklung, stabil sind. Dazu zählen Gesetze und Regularien, das politische Umfeld sowie die gesellschaftliche Akzeptanz bestimmter Veränderungen. Technische, aber auch soziale, kulturelle und religiöse Normen zählen dazu, Werte und Grundüberzeugungen. Diese Faktoren zeigen oft starke regionale Unterschiede, die zu unterschiedlichen Trendentwicklungen in verschiedenen Ländern und Kulturkreisen führen können.

Die Abgrenzung zur Kategorie der Treiber ergibt sich durch die zeitliche Stabilität der Faktoren. Für einen Trend oder Betrachtungszeitraum von kurzer Dauer kann etwa das politische Umfeld als stabil angesehen werden. Bei längerfristigen Betrachtungen können Wahlen das politische Umfeld verändern, so dass es keine feste *Rahmenbedingung* mehr darstellt. Entsprechend können in der Betrachtung vergleichsweise kurzer Zeiträume sogar Megatrends als übergreifende Änderungen des Umfelds Teil der *Rahmenbedingungen* sein.

Schlüsselfragen der *Rahmenbedingungen* sind: Welche Randbedingungen sind förderlich? Welche schränken ein?

Kategorie Disruptoren
Die Kategorien *Treiber*, *Bedarf* und *Rahmenbedingungen* ermöglichen einen analytischen Zugang zur Ableitung der wahrscheinlichen Trendentwicklung. Dort finden sich die recherchierten Informationen wieder, ergänzt um weitere Faktoren, die sich aus logischen Überlegungen ergeben. Allerdings ist die Zukunft nur teilweise analytisch herleitbar.

Unter einer Disruption versteht man die Zerstörung eines etablierten Systems, was in Konsequenz zu einer neuen (Geschäfts-) Logik führt.

Analog dazu stören *Disruptoren* in unserem Modell das erkannte Zusammenspiel von *Treibern*, *Bedarf* und *Rahmenbedingungen* und verändern die scheinbar stabile Entwicklung. Es geht also um Einflussfaktoren, deren Eintreten möglich, aber nicht sicher ist und die bei ihrem Eintreten den Trendverlauf deutlich verändern würden.

Schlüsselfragen sind: Welche überraschenden Ereignisse würden den Trend verstärken? Welche würden ihn zerstören?

> **Praxistipp Disruptoren**
>
> Die Herausforderung bei der Identifizierung von Disruptoren besteht darin, dass sie eher unwahrscheinlich sind, oft überraschend auftreten und in der Regel aus Bereichen kommen, die zunächst nicht mit dem betrachteten Trend in Verbindung zu stehen scheinen. Daher sind sie im Rahmen einer auf einen spezifischen Trend ausgerichteten Recherche schwer zu entdecken.
>
> Ein methodischer Zugang zu diesem Problem ergibt sich aus der Analyse der gestaltenden Elemente im Trendmikrokosmos. Mit Treibern, Bedarf und Rahmenbedingungen haben wir die wesentlichen Einflussfaktoren der Trendentwicklung identifiziert. Einige davon sind für die Trendentwicklung entscheidend. Andere wiederum haben nur einen geringen Einfluss. Für die Elemente mit dem größten Einfluss auf den Trendverlauf kann nun systematisch, beispielsweise entlang der in Abschn. 1.6 beschriebenen STEEP-Segmentierung, über mögliche Ereignisse nachgedacht werden, die zu einer signifikanten Störung führen könnten.

Vorgehensweise

Bereits während der Recherche werden die gesammelten Informationen formlos in einer Liste den einzelnen Kategorien zugeordnet. In der Analyse werden diese dann zu übergreifenden Aussagen verdichtet und priorisiert, sodass am Ende die einflussreichsten Faktoren jeder Kategorie übrig bleiben. Diese sind es auch, die die Entwicklung des Trends maßgeblich bestimmen.

Die Schritte der Verdichtung und Priorisierung können gut in einem Workshop durchgeführt werden, um unterschiedliche Meinungen und Einschätzungen zu berücksichtigen. Eine gesamthafte Darstellung der bedeutsamsten Erkenntnisse erleichtert das Verständnis der Entwicklungsdynamik des Trends. Ein Beispiel für den KI-Trend

„Zunehmender Einsatz selbstlernender Algorithmen in Unternehmensanwendungen" finden Sie in Abb. 5.2.

5.3 Zeitliche Entwicklung

Für ein vollständiges Bild der Trendentwicklung ist neben der inhaltlichen Analyse des Trends die zeitliche Entwicklung realistisch einzuschätzen. Gerade für unternehmerische Entscheidungen sind die Eintrittszeitpunkte wichtiger Ereignisse und deren Dynamik bedeutsam, etwa bei der Frage, ob sich Investitionen in ein Vorhaben überhaupt wieder einspielen lassen oder zu welchem Zeitpunkt ein neues Projekt gestartet werden soll.

Das Einschätzen realistischer Zeitabläufe ist allerdings eine große Herausforderung und führt immer wieder zu groben Fehlprognosen. Selbst bei dynamischeren Technologientwicklungen, wie etwa bei der in Abb. 5.3 dargestellten Historie des Smartphones, wird die Veränderungsgeschwindigkeit oft überschätzt. Das erste iPhone, und damit der Beginn der App-Ökonomie, wurde im Jahr 2007 nach dreijähriger Entwicklung in den Markt gebracht. Auch wenn sich Hardware und Anwendungsvielfalt seitdem deutlich weiterentwickelt haben, so ist das Smartphone selbst schon älter als zehn Jahre und wird uns wohl noch einige Jahre begleiten.

Auch der Anfang der künstlichen Intelligenz datiert bereits auf das Jahr 1956! Die Entwicklung verlief jedoch keineswegs geradlinig. Nach ersten schnellen Fortschritten wechselten sich Phasen der Ernüchterung mit neuen Entwicklungsschüben ab, verschiedene technische Ansätze wurden verfolgt und wieder verworfen. Lange Zeit fehlte es an der erforderlichen Computertechnik und ausreichenden Trainingsdaten, bis die Fortschritte der letzten Jahre zu einem neuen Hype führten. Und es ist keineswegs sicher, dass dieser sich weiter fortsetzt.

Zu einer guten Trendanalyse gehört eine Einschätzung der weiteren Entwicklung des Trends und seiner Dynamik. Dabei kann eine neutrale Betrachtung schwierig sein. Häufig werden Trends analysiert, weil sie gerade starke Veränderungen zeigen oder vielleicht ganz neu in die Aufmerksamkeit treten. Sie werden also zu einem Zeitpunkt hoher

Was beschleunigt? — **Disruptoren** — **Was zerstört?**

Plötzliche Verfügbarkeit günstiger, einfach integrierbarer KI-Lösungen
Branchen-Disruption durch KI-fokussiertes Unternehmen mit enormen wirtschaftlichen Vorteilen
...

KI gerät in Verruf
Falsche Entscheidungen durch KI führen zu hohem wirtschaftlichen Schaden
Gesetzliche Verbote automatisierter, schlecht nachvollziehbarer Entscheidungen

Treiber — Zunehmender Einsatz selbstlernender Algorithmen in Unternehmensanwendungen — **Bedarf**

Heutige Anzeichen

Erste produktive Anwendungen in Bilderkennung, Spracherkennung, Texterkennung, Chatbots, Analyse von Kundendaten ...
Erprobungen neuer Einsatzmöglichkeiten:
Assistenzfunktionen bei Entscheidungsfindungen,
Echtzeit-Auswertung von Streaming-Daten ...
Nu 25% deutscher Unternehmen sind KI gegenüber aufgeschlossen (2019)
Marktvolumen von KI-Anwendungen > 3 Mrd. € (Europa, 2019)
...

Was treibt?

Zunehmende Anzahl verfügbarer KI-Module
Einfache Einbindung in übliche Programmiersprachen
Ökosystem von Dienstleistern etabliert sich
Weiterentwicklung wichtiger Basistechnologien (Cloud, Rechenleistung, etc.)
...

Was hemmt?

Schlechte Qualität verfügbarer Trainingsdaten
Mangelndes Zusammenspiel der Anwendungen
Verfügbarkeit & Kosten von KI-Experten
Fehlende Nachvollziehbarkeit durch KI getroffener Entscheidungen
...

Wer profitiert?

Unternehmensprozesse
-Steigerung der Prozesseffizienz
Unternehmen
-Reduzierung von Fachkräftemangel
-Verbesserte Wirtschaftlichkeit

Wer verliert?

Mitarbeiter:
-Arbeitsweise verändert sich
-Angst vor Arbeitsplatzverlust
Management:
-Mangelnde KI-Kompetenz

Was fördert? — **Rahmenbedingungen** — **Was schränkt ein?**

KI-Anwendungen sind im Verbraucher-Umfeld etabliert (Sprachsteuerung, Chatbots etc.)
Vielfältige Forschungsaktivitäten und Fördermöglichkeiten
...

Datenschutz-Grundverordnung (DSGVO) setzt strenge Grenzen der Nutzung personenbezogener Daten
Ethische Bedenken, was Maschinen entscheiden dürfen

Abb. 5.2 Beispiel: Trendmikrokosmos eines KI-Trends

5 Trendanalyse: Auswirkungen verstehen

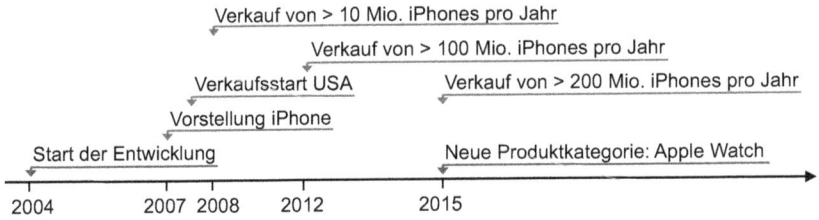

Abb. 5.3 Zeitskalen von Technologieentwicklungen am Beispiel des iPhone

Dynamik betrachtet. Das verleitet leicht dazu, diese Veränderungsgeschwindigkeit in die Zukunft zu extrapolieren. Aber schon vom Gartner Hype Cycle wissen wir, dass einem Hype öfter mal ein Tal der Tränen folgt, die Dynamik also auch wieder nachlassen kann.

Trends werden auch deshalb analysiert, weil man sich von ihnen große Chancen verspricht. Dies kann zum unbewussten Ausblenden von Hindernissen und zur stärkeren Gewichtung beschleunigender Faktoren führen. Für eine realistische Einschätzung muss ein großes Spektrum möglicher Verzerrungen (siehe dazu Kap. 6) vermieden werden. Dies kann nur durch ein methodisch sauberes Vorgehen erreicht werden. Auch wenn eine exakte Prognose grundsätzlich nicht möglich ist, so wird die Einschätzung nicht nur besser. Sie wird auch argumentativ besser vertretbar und damit überzeugender.

Ein pragmatischer Ansatz ist der Vergleich mit zeitlichen Verläufen anderer Trends oder mit bekannten Entwicklungsmustern. Mögliche Hilfestellungen sind:

- Extrapolation des historischen Trendverlaufs
- Vergleich mit anderen Trends der gleichen Kategorie
- Abgleich mit der Diffusionskurve nach Rogers
- Abgleich mit dem Gartner Hype Cycle
- Vergleich mit bekannten Zeitverläufen ähnlicher Veränderungen

Die Verwendung mehrerer Ansätze erhöht dabei die Ergebnisqualität. Natürlich gibt es immer individuelle Faktoren, die den zeitlichen Verlauf eines Trends anders beeinflussen als die verwendeten Vergleichsobjekte. Es ergibt sich jedoch eine belastbare Ausgangseinschätzung, die nachfolgend gut begründet angepasst werden kann.

Je mehr Trendanalysen durchgeführt wurden, desto leichter gelingt der Vergleich mit bekannten Entwicklungsmustern und anderen Trends. Der große Vorteil dieses Ansatzes ist die schnelle Durchführbarkeit. Das Ergebnis ist jedoch nur eine grobe Schätzung.

Zur Verbesserung der Ergebnisqualität lohnt sich wieder der Blick auf den Trendmikrokosmos. Hier sind die für die Trendentwicklung entscheidenden Faktoren gesammelt, die nun einzeln in ihrer zeitlichen Entwicklung betrachtet werden. Wir gehen also in der Analyse eine Detailebene tiefer. Wenn also der Fachkräftemangel einen Engpass für die Trendentwicklung darstellt, müssen wir abschätzen, wie lange er voraussichtlich anhalten wird. Sind Gesetze und Verordnungen ein Hemmnis, hilft uns die typische Zeit, die benötigt wird, um Gesetzesänderungen anzustoßen, zu diskutieren, zu beschließen und letztendlich auch in Kraft zu setzen. Wird die Trendentwicklung durch viel Risikokapital gestützt, müssen wir in Betracht ziehen, dass irgendwann ein neues Hype-Thema die Aufmerksamkeit der Kapitalgeber stärker auf sich ziehen wird.

Abgesehen von der Kategorie der überraschenden und nicht planbaren Disruptoren können wir zu allen Elementen im Trendmikrokosmos Annahmen treffen. Das Ergebnis ist ein gutes Verständnis der übergreifenden Trenddynamik.

Wir werden aber auch feststellen, dass fast alle Zeitschätzungen auf Annahmen beruhen, die nicht unbedingt genauso eintreffen werden. Vielleicht können wir die zeitliche Dauer von Gesetzesänderungen einschätzen. Ob ein neues Gesetz letztendlich so verabschiedet wird, wie es der Trend erfordert, können wir heute noch nicht sagen. Ob das Interesse der Investoren in wenigen Monaten oder erst in einigen Jahren schwindet, ist ebenfalls unklar. Zu viele Unwägbarkeiten pflastern den Weg.

Wie bei jeder Zukunftsbetrachtung gibt es nicht die eine, richtige Antwort. In der Praxis arbeitet man mit einem Basisszenario der aus heutiger Sicht wahrscheinlichsten Entwicklung. Es dient als Planungs- und Entscheidungsgrundlage. Durch die Analyse der Elemente des Mikrokosmos wird aber nicht nur das Basisszenario entwickelt. Man gewinnt zudem ein besseres Verständnis der gestaltenden Elemente und kann so schneller und besser erkennen, wenn sich die Annahmen ändern und das Szenario an neue Entwicklungen angepasst werden muss.

Während der Durchführung der Trendanalyse stellt man gelegentlich fest, dass viele der gestaltenden Faktoren wenig stabil sind und die heutige Einschätzung in kurzer Zeit ihre Gültigkeit verlieren wird. Der Trend ist also instabil und jede Aussage zur weiteren Entwicklung mit großen Unsicherheiten behaftet. Auch dies ist eine wichtige Erkenntnis. Denn sie bedeutet, dass bei diesem Trend eine verlässliche Planung unmöglich ist. Die Aktivitäten eines Unternehmens sind daher mit einem hohen Risiko behaftet. In solchen Situationen ist die Trendanalyse wenig hilfreich. Hier stehen andere Methoden der Zukunftsforschung, wie etwa die Szenariotechnik oder die Arbeit mit Wildcards, zur Verfügung, bei denen der Umgang mit Unsicherheiten im Vordergrund steht.

> **Szenariotechnik**
>
> Die Szenariotechnik ist eine häufig verwendete Methode der strategischen Planung, bei der zu einer bestimmten Fragestellung mehrere unterschiedliche Zukunftsszenarien entwickelt werden. Jedes Szenario ist dabei in sich plausibel und realistisch. Seine Eintrittswahrscheinlichkeit ist zunächst aber unerheblich. Erst später wird jedem Szenario eine Wahrscheinlichkeit zugeordnet. Durch das Aufzeigen unterschiedlicher möglicher Zukünfte tritt der Aspekt der Unsicherheit in den Vordergrund. Eine detaillierte Ausgestaltung der einzelnen Zukunftsbilder konfrontiert die Entscheider auch mit unschönen oder überraschenden, aber möglichen Entwicklungen, die ansonsten oft vorschnell ausgeblendet werden.
>
> Im Ziel wird nach einer strategischen Weichenstellung gesucht, die im wahrscheinlichsten Szenario attraktiv und in den anderen Zukünften zumindest akzeptabel ist. Im Unterschied zur Trendanalyse beschreiben Szenarien umfassende Bilder der Zukunft und beschränken sich damit nicht auf einen einzelnen Trend. Erkenntnisse aus Trendanalysen dienen häufig als Ausgangspunkt zur Erarbeitung der verschiedenen Szenarien.

Die Abb. 5.4 ordnet die Einsatzbereiche der Trendanalyse im Unternehmen grob den verschiedenen Zeithorizonten zu und veranschaulicht, wieweit ein Trend jeweils in die Zukunft entwickelt werden muss, um nutzbringende Erkenntnisse zu gewinnen.

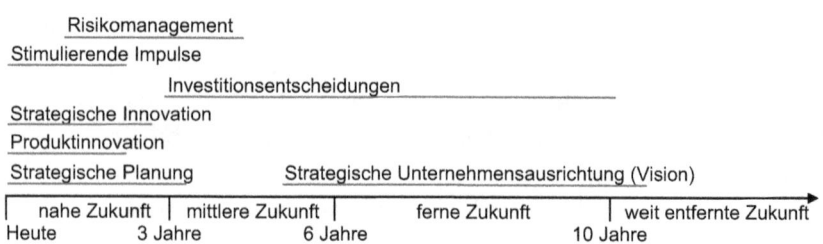

Abb. 5.4 Zuordnung der Zeithorizonte zu den Einsatzbereichen im Unternehmen

Das systematische Vorgehen anhand des Trendmikrokosmos betrachtet einen Trend nicht nur singulär, sondern bezieht seine Wechselwirkungen mit der Umwelt in die zeitliche Extrapolation ein. Das Verständnis sowohl der fördernden wie der hemmenden Wirkmechanismen führt zu einer besseren zeitlichen Einschätzung der Trendentwicklung. Die entstehenden Zukunftsbilder können zudem qualitativ argumentiert werden. Das Ergebnis gewinnt an Akzeptanz!

5.4 Interpretation

Aus der Analyse der recherchierten Trendinformationen ergibt sich ein Bild der Zukunft, wie es durch den betrachteten Trend geprägt wird. Es beschreibt die Änderungen, denen das jeweilige Unternehmen ausgesetzt ist und gilt gleichermaßen für jedes Unternehmen. Um das gewonnene Verständnis nutzbringend einzusetzen, werden nun die Auswirkungen auf das eigene Unternehmen ermittelt. Auch hierfür dient der Trendmikrokosmos als Basis.

Kategorie Trend
Die in der Kategorie Trend gesammelten Informationen beschreiben den derzeitigen Zustand des Trends. Damit zeigen sie aktuelle Veränderungen im Unternehmensumfeld auf, auf die das Unternehmen heute reagieren muss, um von ihnen zu profitieren oder zumindest nicht beeinträchtigt zu werden. Ein Abgleich mit der momentanen Aufstellung

und den laufenden und geplanten Tätigkeiten des Unternehmens liefert Anhaltspunkte für erforderliche oder vorteilhafte Aktivitäten, um auch in der Zukunft optimal aufgestellt zu sein.

Die Ausprägungen des Trends liefern vielfältige Ansatzpunkte für nahezu alle Einsatzbereiche der Trendanalyse, von der strategischen Unternehmensausrichtung über die Innovationsaktivitäten und Investitionsentscheidungen bis hin zu Impulsen für verschiedenste Unternehmensbereiche. Lediglich das Risikomanagement setzt in seiner Arbeit auf andere Kategorien des Trendmikrokosmos auf.

Kategorie Treiber
Treiber sind die wesentlichen Elemente, die zur Weiterentwicklung des Trends führen und damit die Zukunft verändern. Viele Faktoren davon entziehen sich dem Einfluss des Unternehmens. Eine fortlaufende Beobachtung dieser Elemente ermöglicht die Prüfung, ob sich der Trend wie prognostiziert weiterentwickelt. Andere Faktoren können vom Unternehmen durch gezielte Aktivitäten beeinflusst werden. Darüber kann die Trendentwicklung beschleunigt oder verzögert werden, je nachdem, ob die Entwicklung vorteilhaft oder schädlich ist. In der Regel ist der individuelle Einfluss eines Unternehmens auf einen Trend allerdings gering.

Das Verständnis der in der Kategorie Treiber enthaltenen Elemente ist insbesondere für längerfristige Entscheidungen, wie etwa die strategische Unternehmensausrichtung, die strategische Planung sowie für Investitionsentscheidungen wichtig. Zudem liefern sie Anhaltspunkte für das Risikomanagement.

Kategorie Bedarf
Der Bedarf enthält die Personengruppen und Bereiche, die von der Trendentwicklung profitieren. Profitiert auch das eigene Unternehmen als Ganzes vom Trend oder steht es eher auf der Verliererseite? Oder gibt es zumindest einzelne Bereiche innerhalb des Unternehmens, die profitieren können? Was ist zu tun, um die Chancen zu nutzen und die Risiken zu minimieren?

Auch hier sind es wieder die längerfristigen strategischen Entscheidungen, die vom Verständnis der Kategorie Bedarf profitieren. Für das

Risikomanagement rücken dabei die Personengruppen in den Vordergrund, die am meisten zu verlieren haben. Diese werden die Trendentwicklung aufhalten wollen, verändern damit möglicherweise die erwartete Zukunft und somit die Grundlage wichtiger Unternehmensentscheidungen.

Kategorie Rahmenbedingungen
Die Rahmenbedingungen sind für die meisten Entscheidungen unveränderliche Größen, die bekannt sein und beachtet werden müssen. Erst bei sehr langfristigen Entscheidungen wie etwa der strategischen Unternehmensausrichtung oder großen Investitionsentscheidungen müssen mögliche Veränderungen in Betracht gezogen werden. Manche Rahmenbedingungen können dabei aktiv gestaltet werden, etwa über die Mitarbeit in Industrieverbänden oder politischen Organisationen. Änderungen der Rahmenbedingungen erfordern einen langen Vorlauf und müssen daher frühzeitig begonnen werden.

Kategorie Disruptoren
Die unter den Disruptoren gesammelten überraschenden Einflussfaktoren sind wichtige Säulen des Risikomanagements und langfristiger strategischer Entscheidungen. Sie ermöglichen die Abschätzung der Auswirkungen, sollte sich die Zukunft deutlich anders entwickeln wie angenommen. Würde das Unternehmen als Ganzes in Schieflage geraten oder wäre der Einfluss überschaubar? Wie flexibel ist das Unternehmen aufgestellt, um im Eintrittsfall angemessen reagieren zu können?

Neben dem Aufbau eines Frühwarnsystems kann die Analyse der Disruptoren auch anstehende Entscheidungen beeinflussen. Bei langlaufenden Verträgen können etwa geeignete Ausstiegsklauseln hinzugefügt werden. Zudem können Alternativen offengehalten werden, um bei Eintritt der Disruption kurzfristig umschwenken zu können.

Handlungsempfehlungen
Der Abgleich der Kategorien des Trendmikrokosmos mit der spezifischen Unternehmenssituation führt zu vielfältigen Ansatzpunkten für mögliche Aktivitäten, die anschließend in konkreten Handlungsempfehlungen münden. Wo kann das Unternehmen proaktiv agieren, um

die entstehenden Chancen zu nutzen und Risiken zu vermeiden? Welche Einflussfaktoren kann das Unternehmen selbst beeinflussen? Wie muss es aufgestellt sein, um im Eintrittsfall disruptiver Ereignisse optimal reagieren zu können?

Die entstehenden Handlungsempfehlungen bilden dann die Grundlage für unternehmerische Entscheidungen und bewirken so die Veränderung des Unternehmens durch die Trendanalyse.

5.5 Futures Wheel

Der Trendmikrokosmos ist ein analytisches Werkzeug, um die Auswirkungen einer Veränderung zu verstehen. Er kann durch eine systematische Recherche gut befüllt werden. Viel Wissen und kreatives Potenzial steckt aber auch in den Köpfen von Kollegen und anderen Personen, das ebenfalls genutzt werden kann. In der Praxis kommt dazu oft die Methode des *Futures Wheel*, auf Deutsch auch als Zukunftsrad bezeichnet, im Rahmen eines Workshops zum Einsatz.

Mit Hilfe des Futures Wheel werden die Gedanken der Teilnehmer zu den Auswirkungen einer Veränderung strukturiert gesammelt und visualisiert. So können auch größere Gruppen durch einen zielgerichteten Prozess geführt und die unterschiedlichen Perspektiven der einzelnen Personen genutzt werden. Eine heterogene Zusammensetzung der Workshopteilnehmer steigert die Ergebnisqualität, da unterschiedliche Erfahrungshorizonte und Sichtweisen berücksichtigt werden.

Das Futures Wheel beginnt mit der Erläuterung der betrachteten Veränderung, die in der Visualisierung den Mittelpunkt darstellt (Abb. 5.5). Dabei kann es sich um einen Trend handeln, aber auch punktuelle Veränderungen können mit der gleichen Methodik analysiert werden. In einem ersten Schritt werden in Form eines Brainstormings die direkten Auswirkungen der Veränderung identifiziert, notiert und um den Trend herum angeordnet. Striche verdeutlichen die Ursache-Wirkungs-Beziehung.

Um eine ganzheitliche Betrachtung zu erzwingen, kann die Fläche um den Mittelpunkt herum in Kreissegmente für unterschiedliche

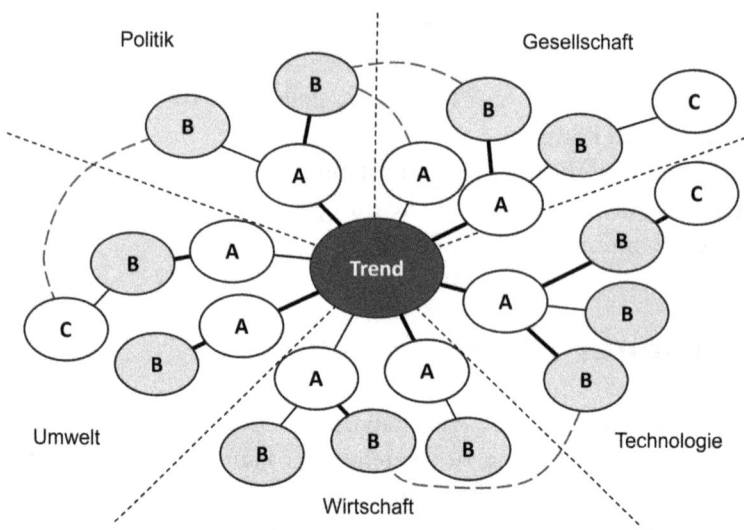

Abb. 5.5 Futures Wheel

Veränderungsbereiche unterteilt werden. Oft wird hierfür die bereits aus Abschn. 1.6 bekannte STEEP-Segmentierung (abgleitet aus *S*ocial, *T*echnological, *E*conomic, *E*cological und *P*olitical Change) genutzt. Alternativ kann sich die Aufteilung am Geschäftsmodell oder den Märkten eines Unternehmens orientieren, wobei ein zu enger Fokus vermieden werden sollte, um nicht unbeabsichtigt wichtige Einflüsse auszublenden.

Nachdem alle direkten Auswirkungen (im Bild mit „A" bezeichnet) erfasst sind, werden deren Folgen, die Wirkungen zweiter Ordnung (im Bild mit „B" bezeichnet), betrachtet. Diese werden wiederum notiert und in einem weiteren äußeren Kreis platziert. Das Futures Wheel macht also nicht nur die direkten, sondern auch die indirekten Folgen sichtbar.

Diese Vorgehensweise kann im nächsten Schritt analog für die Auswirkungen dritter Ordnung (im Bild mit „C" bezeichnet) fortgesetzt werden. Üblicherweise beschränkt man sich nun aber auf wenige, aber wichtige Auswirkungen. Viel entscheidender ist nun die gesamtheitliche Betrachtung aller identifizierten Auswirkungen. Welche Wirkungszusammenhänge sind besonders stark? Diese können durch dicke oder farbige Linien hervorgehoben werden. Gibt es wechselseitige Abhängigkeiten unter den Auswirkungen höherer Ordnung, die zu einem verstärkenden oder abschwächenden Effekt führen? Diese werden durch Verbindungslinien dargestellt. Welchen Auswirkungen werden von den Teilnehmern als sicher eingeschätzt? Bei welchen gibt es unterschiedliche Meinungen? So entsteht eine ganzheitliche Visualisierung der durch einen Trend hervorgebrachten Veränderungskaskaden.

Im letzten Schritt muss das Futures Wheel auf die spezifische Unternehmenssituation hin interpretiert werden. Was bedeuten die Auswirkungen konkret für das Unternehmen? Wo liegen Chancen, wo Risiken? Und was ist zu tun? Dies kann bereits im Workshop erfolgen. Bevor jedoch Maßnahmen beschlossen werden, sollte das erarbeitete Ergebnis durch eine Recherche von Fakten und Signalen abgesichert werden. Einige Einschätzungen werden sich dadurch wahrscheinlich relativieren. Manches wird an Bedeutung verlieren, anderes stärker in den Fokus rücken.

Neben der Berücksichtigung unterschiedlicher Perspektiven bietet das Workshop-Format den Vorteil, wichtige Stakeholder frühzeitig in den Prozess der Trendanalyse mit einzubinden, so dass später keine weitere Überzeugungsarbeit mehr geleistet werden muss. Grundsätzlich kann das Futures Wheel aber auch alleine oder in einer kleinen Gruppe durchgeführt oder als Leitfaden für ein Interview genutzt werden.

Ihr Transfer in die Praxis

- Befüllen Sie den Trendmikrokosmos mit den Trendinformationen aus Ihrer ersten Recherche.
- Enthalten alle Kategorien mehrere Angaben sowohl für die positiven wie auch die negativen Aspekte? Falls nicht, recherchieren Sie gezielt weitere Informationen bis Sie ein gutes Bild des Trends in seinem heutigen Zustand haben.
- Extrapolieren Sie den Trend in die Zukunft und berücksichtigen Sie dabei die Wirkmechanismen zwischen den einzelnen Kategorien.
- Nutzen Sie das Futures Wheel, um durch den Trend verursachte sekundäre Veränderungen zu identifizieren.

6
Exkurs: Denkfallen bei der Trendanalyse

> **Was Sie aus diesem Kapitel mitnehmen**
>
> - Wie die Funktionsweise des menschlichen Gehirns unsere Analysen beeinflusst.
> - Welche Denkfallen dadurch entstehen.
> - Und was das für die Trendanalyse bedeutet.

Als rational denkende Menschen sind wir von unseren analytischen Fähigkeiten überzeugt. Leider ist die Zukunft nicht exakt ableitbar. Es müssen viele Einschätzungen und Bewertungen vorgenommen und unvollständige Informationen durch Annahmen ergänzt werden. Dabei fallen wir oft in geprägte Denkmuster zurück, die vielfach zu falschen Schlüssen verleiten.

Einige in der Praxis häufig vorkommende Denkfallen sind im Folgenden aufgeführt. Viele davon haben ihre Ursache in der Funktionsweise des menschlichen Gehirns, wie es etwa von Daniel Kahneman [1] beschrieben worden ist und dessen Buch als Inspiration für diesen Exkurs diente. Unbewusste Denkmuster führen zu Ergebnissen, von deren

Richtigkeit wir voll und ganz überzeugt sind, die einer genaueren Überprüfung aber nicht standhalten.

Zudem machen uns diese Denkmuster die Arbeit leichter, da sie schnellere Ergebnisse liefern. Ein kritisches Hinterfragen bedeutet zusätzlichen Aufwand – ein wesentlicher Grund, warum wir bereitwillig auf sie hereinfallen. Für gute Ergebnisse bleibt aber nur der „harte Weg", der mit dem Kennen und Verstehen möglicher Fallen beginnt.

Verfügbare Informationen
Der frühere US-Verteidigungsminister Donald Rumsfeld sagte einmal:

> There are known knowns; there are things we know we know. We also know there are known unknowns; that is to say we know there are some things we don´t know. But there are also unknown unknowns – the ones we do not know we don't know. [2]

Demnach gibt es drei Arten von Wissen:

- Dinge, die wir wissen.
- Dinge, von denen wir wissen, dass wir sie nicht wissen.
- Dinge, von denen wir nicht wissen, dass wir sie nicht wissen.

Wir sind uns also bewusst, dass wir nie alles Wissen zur Verfügung haben. Wir wissen noch nicht einmal, welches Wissen noch relevant wäre. Dennoch treffen wir gerne im Moment der Analyse die Annahme, alle wichtigen Informationen zu kennen. Es reicht uns, wenn diese kohärent und logisch erscheinen, um die Suche nach weiteren Fakten einzustellen. Verschlimmernd fallen uns auch nicht immer alle vorhandenen Fakten ein, wenn wir sie brauchen, auch wenn sie kurz vorher noch präsent waren. Der Psychologe und Nobelpreisträger Daniel Kahneman prägte dafür den Ausdruck „What you see is all there is" [1]. Nur das im Moment der Analyse präsente Wissen fließt in die Entscheidungsfindung ein.

6 Exkurs: Denkfallen bei der Trendanalyse

Experten
Wir stützen unsere Urteile gerne auf Expertenmeinungen und behandeln deren Aussagen oft als Wahrheit. Dabei zeigen Experimente, dass Experten in ihren Vorhersagen in komplexen Situationen oft nicht besser als der durchschnittliche Mensch sind. Bei komplexen Informationen sind Menschen generell bei ihren Einschätzungen inkonsistent und die Interpretationen derselben Person können selbst bei gleicher Faktenlage variieren.

Erschwerend ist unklar, wer überhaupt in der relevanten Fragestellung Experte ist und wodurch er sich als Experte zu diesem Thema qualifiziert. Äußerungen bekannter Meinungsmacher werden für verlässlich gehalten, teilweise ausschließlich aufgrund einer hohen Medienpräsenz.

Zudem finden sich oft widersprechende Expertenmeinungen, nicht zuletzt, da auch Experten durch ihren spezifischen Hintergrund geprägt sind. Die individuelle Auswahl der berücksichtigten Meinungen beeinflusst so das Ergebnis der Trendanalyse. Dabei werden unbewusst Experten bevorzugt, die in keinem Konflikt mit der eigenen persönlichen Meinung stehen.

Allerdings zeichnen sich Experten oft durch unkonventionelle Denkweisen und einen breiten Informationshintergrund aus. Ihre Einschätzungen sind damit wichtige Quellen, die aber mit entsprechender Vorsicht zu nutzen sind.

Komplexität
Die Wirklichkeit ergibt sich über Wechselwirkungen vieler verschiedener Trends und Entwicklungen. Sie wird beeinflusst von den Entscheidungen mannigfaltiger Akteure, die manchmal rational, sehr oft aber auch spontan und irrational entscheiden. Und nicht selten spielt der Zufall eine große Rolle.

Wir können diese komplexen Interaktionen nicht in ihrer Vollständigkeit erfassen, geschweige denn analysieren. Daher reduzieren wir unsere Fragen auf wesentliche Teilaspekte, um diese anschließend wieder auf ein gesamthaftes Bild zu erweitern. Bei der notwendigen Vereinfachung können wichtige Aspekte verloren gehen oder die falschen Fragen gestellt werden, was sich auf die Ergebnisqualität auswirkt.

Scheinbare Wahrheit
Für die Analyse müssen wir uns entscheiden, welchen Informationen wir vertrauen können, und welche mit Vorsicht zu genießen sind. Auch das ist nicht einfach, denn die intuitive Einschätzung des Wahrheitsgehalts hängt stark von der Art und Weise ab, wie Informationen dargeboten werden – eine Kunst, die etwa Politik und Werbung perfektioniert haben.

So erzeugen Wiederholungen Glaubwürdigkeit, vertraute Antworten erscheinen wahrer. Eine in vielen Quellen genannte Information erscheint richtiger, selbst wenn die Quellen nicht unabhängig voneinander sind oder sich gegenseitig zitieren.

Der Kontext einer Information, deren Formulierung und Verständlichkeit sind weitere Faktoren. Einer (subjektiv) guten Geschichte wird auch bei dünner Faktenlage gerne geglaubt, insbesondere wenn sie mit hoher emotionaler Intensität dargebracht wird. Selbst Nichtereignisse können durch Medien aufgebauscht werden, wenn etwa banale Geschehnisse durch übertriebene Berichterstattung zu Katastrophen hochstilisiert werden. Im Grunde wollen wir Aussagen gerne glauben und vermeiden viel zu gerne das ständige Hinterfragen.

Zufall
Auch wenn wir Trendanalysten es nicht gerne hören: nicht alles ist sinnhaft, vieles nur Zufall. Durch das menschliche Bedürfnis nach Kausalität und Erklärbarkeit wird Vielem im Rückblick ein Sinn zugeschrieben. Es wird erklärt, was keine Erklärung hat.

Die Geschichten der Vergangenheit prägen unser Verständnis der Welt, auch wenn sie fehlerhaft sind. Wir glauben, die Vergangenheit zu verstehen und darüber die Zukunft erkennen zu können. Es entsteht die Illusion einer vorhersagbaren Zukunft.

Statistik
Viele Ereignisse unterliegen einer statistischen Verteilung. Ist für den nächsten Tag Regen angesagt, so kann es Orte geben, die doch trocken bleiben, und andere mit überdurchschnittlicher Regenmenge. Wird sich ein Trend verstärken, gibt es Bereiche mit großen Auswirkungen und andere, bei denen sich die Effekte weniger oder später einstellen.

Unser Verstand liebt kausales Denken und so suchen wir bei interessanten Ereignissen automatisch nach möglichen Gründen. Wir wollen die Zusammenhänge verstehen und daraus lernen. Sehen wir starke Anzeichen einer Entwicklung, so messen wir diesen eine hohe Bedeutung zu, obwohl sie möglicherweise nur statistische Ausreißer sind. Ebenso werden wir ein Fehlen von Anzeichen erklären wollen. Extreme Beispiele muss es im Sinne der Statistik aber immer geben. In ihnen steckt keine weitere Information, dafür bedarf es keine Erklärung. Wir aber erkennen Muster, wo keine sind.

Da in der Trendrecherche gezielt nach Anzeichen und Auswirkungen eines Trends gesucht wird, besteht die Gefahr, die gefundenen Beispiele zu verallgemeinern, anstelle zu versuchen, einen Mittelwert als geeignetes Maß einer übergreifenden Trendentwicklung zu bestimmen. So wird die Stärke eines Trends und sein zeitlicher Fortschritt systematisch überbewertet.

Auch wird gerne die Wahrscheinlichkeit konkreter, aber seltener Ereignisse überschätzt, was insbesondere im Umgang mit Disruptoren zu fehlerhaften Schlüssen führen kann. Dabei messen wir erkannten Chancen eine höhere Eintrittswahrscheinlichkeit zu als den Risiken. Wir glauben nur zu gerne, auf der positiven Seite der Statistik zu liegen.

Erfahrungshintergrund
Informationen werden automatisch mit der Welt, die wir kennen, abgeglichen. Wir interpretieren sie in dem uns bekannten und akzeptierten Kontext und schränken so unseren Blickwinkel ein. Grundlegende Eigenschaften ergänzen wir gedanklich automatisch mit passenden Informationen. Unpassende Informationen blenden wir sogar aus, um unsere Welt stimmig zu halten.

Besondere Vorsicht erfordert die Intuition. Sie schreibt unsere persönlichen Erfahrungswerte in die Zukunft fort und versagt in der Regel bei unbekannten Zusammenhängen und dynamischen Veränderungen. Leider ist die Welt fast überall anders als bei uns. Das beginnt bereits in der Nachbarstadt oder in einem anderen sozialen Milieu, geschweige denn in einer anderen Branche oder einem fremden Land. Gerade bei neuen Trends sollten wir uns daher nicht vorschnell auf unsere Erfahrung verlassen.

Interpretation
Voreilige Schlussfolgerungen sind ein klassischer Fehler in der Trendanalyse, denn wir lieben die Bestätigung eigener Erwartungen. Unsere Bewertung wird positiver, wenn wir uns ein Szenario wünschen, insbesondere wenn wir emotional involviert sind. Und welcher Trendanalyst ist das nicht, wenn er sich viele Wochen mit „seinem" Trend beschäftigt hat?

Im Laufe der Analyse entsteht irgendwann eine erste Interpretation, die sich in unserem Kopf festsetzt. Sie wird dadurch zu einem Anker unserer Gedanken und es ist schwer, sich später wieder davon zu lösen. Jede neue Interpretation muss gegen „unsere", nun bereits etablierte Erklärung antreten. Sie hat es also ohne Grund schwerer als die erste.

Bei der Extrapolation eines Trends arbeiten wir uns dann schrittweise analytisch in die Zukunft vor. Wir skizzieren eine wahrscheinliche Entwicklung, basierend auf den uns bekannten Informationen. Im Allgemeinen werden konkrete, identifizierte Optionen überschätzt, unbekannte und diffuse Risiken unterschätzt. Dabei kennen wir aus eigener Erfahrung, dass immer etwas Unvorhergesehenes passieren wird, auch wenn wir noch nicht sagen können, was es genau sein wird. Analog wird auch keine Trendentwicklung gradlinig verlaufen.

Was bedeutet das für die Trendanalyse?
In der Praxis werden wir immer wieder einigen dieser Denkfallen erliegen. Sich dieser Gefahr bewusst zu sein, hilft, grobe Fehler zu vermeiden. Und am Ende ihrer Arbeit müssen auch Trendanalysen die Komplexität der Realität auf wenige Kernbotschaften reduzieren und ihre Ergebnisse mit einfachen, emotional aktivierenden Bildern beschreiben, um diese in den Köpfen der Entscheider zu verankern.

Die Denkfallen, die uns am Anfang hindern, können uns am Ende sogar nützlich sein!

> **Ihr Transfer in die Praxis**
> - Gehen Sie die aufgeführten Denkfallen einzeln durch: Fallen Ihnen Situationen in der Vergangenheit ein, bei denen Sie möglicherweise durch sie fehlgeleitet wurden?
> - Prüfen Sie die Einträge in dem von Ihnen erstellten Trendmikrokosmus. Wie sicher sind Sie in Ihren Schlüssen? Wo könnten Denkfallen zugeschlagen haben? Markieren Sie die einzelnen Einträge abhängig von Ihrem Vertrauen in die Aussage mit *hoch, mittel* oder *gering*.
> - Würden Sie immer noch dieselbe zeitliche Weiterentwicklung des Trends vermuten? Bei welchen Aspekten wären Sie jetzt vorsichtiger?

Literatur

1. Kahneman, D (2011) *Schnelles Denken, Langsames Denken*. München: Siedler Verlag.
2. Youtube (o. J.) *Donald Rumsfeld Unknown Unknowns!*. https://www.youtube.com/watch?v=REWeBzGuzCc. Zugegriffen: 04.02.2024.

7

Trendstudie: Tiefenanalyse eines Trends

> **Was Sie aus diesem Kapitel mitnehmen**
>
> - Wie eine Trendstudie erarbeitet wird.
> - Wie das Dokument der Trendstudie aufgebaut ist.
> - Worauf geachtet werden sollte, um die Erkenntnisse der Trendstudie im Unternehmen wirksam zu machen.
> - Bei welchen Fragestellungen im Unternehmen eine Trendstudie eingesetzt wird.

7.1 Konzept

Trendstudien sind ein etabliertes Ergebnisformat bei der Beschäftigung mit der Zukunft. Sie fokussieren sich auf einen spezifischen Trend, analysieren und beschreiben ihn. Dabei wird der Trend zunächst umfassend betrachtet und erst im Anschluss auf eine spezifische Fragestellung hin interpretiert. Manche Trendstudien beschränken sich auf Analyse und Beschreibung, etwa wenn sie von einem Trendforschungsinstitut erstellt werden und einen breiten, inhomogenen Kreis von Interessenten ansprechen sollen. Im Unternehmenskontext liefert aber erst die Interpretation den gewünschten Mehrwert und ist damit essenzieller Bestandteil der Studie.

> Eine **Trendstudie** ist die Analyse und Beschreibung eines Trends und seiner Auswirkungen auf einen ausgewählten Bereich, etwa ein Unternehmen oder dessen Märkte, Produkte oder interne Prozesse.

Der typische Ablauf einer Trendstudie ist in Abb. 7.1 dargestellt. In der Praxis vermischen sich die einzelnen Arbeitsschritte, da regelmäßig Erkenntnisse auftauchen, die erneute Recherchen oder eine Anpassung der Analyse erfordern. Am Ende des Prozesses steht die fertige Studie als Dokumentation der Ergebnisse und Grundlage für weiterführende Diskussionen und Aktivitäten.

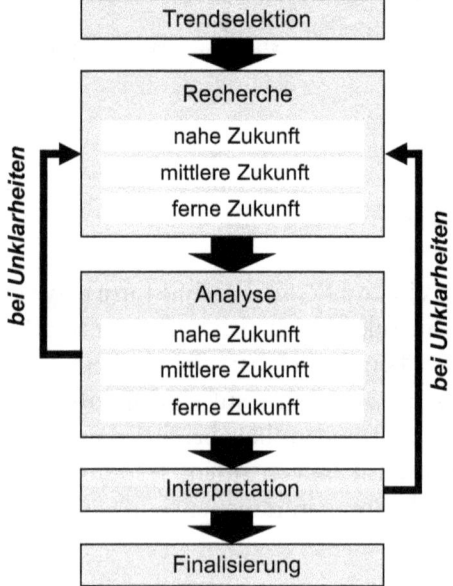

Abb. 7.1 Typischer Ablauf einer Trendstudie

Trendforschungs- und Beratungsunternehmen bieten zu ausgewählten Trends bereits fertige Studien an, weitere können in Auftrag gegeben werden. Damit wird unternehmensinterner Aufwand vermieden und eine unabhängige Analyse aus externer Perspektive gewährleistet. Die spezifische Interpretation der Ergebnisse und die Ableitung konkreter Handlungsempfehlungen benötigen allerdings eine gute Kenntnis des Unternehmens und erfolgen daher immer unter Einbindung von Mitarbeitern des Unternehmens.

Nicht für jede Fragestellung lohnt sich eine umfassende Trendstudie, die typischerweise vier bis sechs Monate Arbeit bedeutet. In der Praxis findet man daher neben umfassenden Studien auch schlanke, fokussierte Vorgehensweisen.

7.2 Umsetzung

Der erste Schritt der Trendanalyse ist die Auswahl eines Trends. Im einfachsten Fall bekommt das Trendteam den Auftrag, einen für interessant erachteten Trend auf die Relevanz für das Unternehmen zu bewerten. Oft gibt es auch eine übergreifende Fragestellung, die sich zunächst nicht auf einen spezifischen Trend bezieht. Dann ist zu prüfen, welche Trends zur Beantwortung der Frage relevant sein könnten. Sollte im Unternehmen bereits ein Trendradar (Kap. 8) vorliegen, dienen die dort enthaltenen Trends als Grundlage für die Auswahl. Andernfalls können die bekannten Trends einschlägiger Veröffentlichungen als Ausgangsbasis dienen.

Weit häufiger obliegt die Trendauswahl dem Trendteam, von dem erwartet wird, alle für das Unternehmen relevanten Trends unter Beobachtung zu haben, diese regelmäßig zu analysieren und neu entstehende Trends zeitnah mit in die Beobachtung aufzunehmen. Eine Aufgabe des Trendteams ist daher die kontinuierliche Suche nach neuen Trends, etwa in Veröffentlichungen von Trend- und Beratungsunternehmen. So bringen viele Dienstleister regelmäßig Trendpublikationen heraus, die eine Übersicht über neue Trends und Entwicklungen geben und eine Grundlage für die Trendauswahl darstellen können. Während der Arbeit mit Trends fallen dem Trendteam zudem immer wieder neue

Entwicklungen auf, die gesammelt und in regelmäßigen Abständen bewertet werden können, ob eine weitergehende Analyse für das Unternehmen wichtig wäre.

Aufgrund beschränkter Ressourcen können nicht alle Trends gleich intensiv bearbeitet werden. Es müssen gezielte Schwerpunkte gesetzt werden. Um die wichtigen Trends zu finden, sollte die Auswahl auf geeigneten Selektionskriterien beruhen. Ein Kriterium ist meistens die zum aktuellen Zeitpunkt vermutete Relevanz für das eigene Unternehmen. Es können aber auch Themen aufgegriffen werden, die neu in der öffentlichen Berichterstattung auftauchen, deren konkrete Bedeutung für das Unternehmen aber noch unklar ist. Hier kann eine Trendstudie die gewünschte Klarheit schaffen. Abhängig von aktuellen Zielsetzungen des Unternehmens kann der Fokus auch auf einer bestimmten Trendkategorie, etwa auf Technologietrends, liegen. Die Selektionskriterien sollten diese Überlegungen widerspiegeln.

Vor Beginn der eigentlichen Trendanalyse muss noch der Betrachtungsumfang festgelegt werden. Was genau umfasst der Trend? Wie grenzt er sich zu seinem Umfeld ab? Da Trends intensiv mit ihrem Umfeld und anderen Trends wechselwirken, sind die Übergänge oft fließend. Eine klare Definition und Abgrenzung des Trends setzen den Fokus für die Recherche. Ist der Trend einer bekannten Quelle entnommen, kann die dortige Definition übernommen werden. Wie bereits beschrieben, gibt es allerdings keine allgemeingültigen Trenddefinitionen, so dass je nach Quelle Definition und Abgrenzung unterschiedlich sein können. Für die eigene Arbeit sollte dann eine geeignete Definition ausgewählt und gegebenenfalls angepasst werden.

Das Verständnis für den Trend wird im Verlauf der Studie immer größer werden. So können sich Erkenntnisse ergeben, die eine Anpassung der Abgrenzung sinnvoll erscheinen lassen. In diesem Sinn ist die Trenddefinition zunächst als Arbeitsversion anzusehen. Gegen Ende der Studie wird der Trend dann final definiert und abgegrenzt.

Abhängig von der späteren Verwendung der Ergebnisse muss der zeitliche Horizont der Trendstudie festgelegt werden. Abschn. 3.2 gibt dazu Anhaltspunkte. Die Eingrenzung auf kurze Betrachtungszeiträume kann den Arbeitsumfang der Trendstudie deutlich reduzieren.

> Das Ergebnis der **Trendselektion** ist ein klar definierter und in seinem Wirkbereich und Betrachtungszeitraum abgegrenzter Trend.

Nun folgen Recherche und Analyse des Trends, wie sie in Kap. 4 und 5 beschrieben wurden. Die Trenddefinition und der zu betrachtende Zeitraum bilden dabei den Rahmen des Suchfelds. Der Fokus der Interpretation ergibt sich aus der Zielsetzung der Trendstudie. Ist sie für eine breite Veröffentlichung bestimmt, werden keine konkreten Unternehmensaspekte genannt, um Wettbewerbern keinen Einblick in sensible Unternehmensinformationen zu geben. Richtet sich die Studie an das eigene Management, stehen gerade die unternehmensspezifische Interpretation sowie die Handlungsempfehlungen im Vordergrund.

7.3 Dokumentation

Die Ergebnisse der Recherche, Analyse und Interpretation werden zum Abschluss übersichtlich und schlüssig dokumentiert. Form und Inhalt ergeben sich aus dem Personenkreis, für den die Studie bestimmt ist sowie dem Zweck der Kommunikation. Die Anforderungen an die interne und externe Kommunikation sind dabei unterschiedlich, was sich auf die Inhalte, aber auch die Form des Dokuments auswirkt.

Wird die Trendstudie ausschließlich für die unternehmensinternen Auftraggeber erstellt, besteht sie oft nur aus einer Reihe von Präsentationsfolien als Grundlage für die interne Vorstellung und Diskussion. In dem Fall ist es besonders wichtig, die Erkenntnisse auf die internen Belange des Unternehmens hin zu schärfen und sich auf die wirklich unternehmensrelevanten Aussagen zu fokussieren. Nicht unmittelbar relevante Informationen werden zwar dokumentiert, sind aber kein Bestandteil der finalen Präsentation.

Richtet sich die Trendstudie an einen breiten Kreis externer Adressaten, sind auch allgemeine, nicht unternehmensspezifische Erkenntnisse von Interesse. Oft wird eine Trendstudie im Rahmen des Unternehmensmarketings an einen breiten Interessentenkreis gestreut und etwa auf der Internetseite des Unternehmens zum Zugriff bereitgestellt. Hierbei ist insbesondere darauf zu achten, dass die Studie keine vertraulichen oder sensiblen Informationen des Unternehmens enthält. Auch gewinnen ein professionelles Layout und die redaktionelle Aufbereitung an Bedeutung.

> **Beispielhafte Gliederung einer Trendstudie**
>
> - Vorwort
> - Management Summary
> - Erläuterung der wesentlichen Erkenntnisse
> - Beschreibung der Trendentwicklung
> - Darstellung alternativer Entwicklungen und möglicher Disruptionen
> - Vertiefung besonders interessanter Teilaspekte
> - Ausgewählte Impulse (Beispiele, Best Practices, Micro-Trends etc.)
> - Beschreibung der Methodik
> - Kontaktinformationen
> - Referenzen

Oft wird ein umfangreiches Basisdokument erarbeitet, das die Gesamtheit der Erkenntnisse umfasst und zur allgemeinen Dokumentation dient. Ausgehend davon, werden Adressaten-spezifische Ausschnitte mit den jeweils relevanten Erkenntnissen und Empfehlungen erstellt und geeignet aufbereitet. So können die spezifischen Anforderungen interner und externer Interessenten individuell bedient werden.

Für eine aussagekräftige Trendstudie sind unabhängig vom Adressatenkreis verschiedene Aspekte zu beachten:

Ansprechender Titel

Der Titel ist das erste, was von einer Trendstudie wahrgenommen wird. Einerseits gibt er Auskunft über den betrachteten Trend. Andererseits soll er zum Lesen der Studie anregen. So kann eine Studie zum autonomen Fahren einfach „Autonomes Fahren" heißen. Damit dürfte den meisten Personen der Fokus der Studie klar sein. Das Autonome Fahren sagt aber noch nichts über den eigentlichen Trend aus, der ja eine Veränderung beschreibt. Ein Titel wie „Der Einzug autonomer Fahrzeuge im Individualverkehr" stellt die Trendentwicklung in den Vordergrund

und grenzt den Inhalt genauer ab. Dieser nüchterne Titel könnte durch das Herausheben einer provokativen Kernthese emotional aufgeladen werden: „Die Disruption der Automobilindustrie durch autonomen Individualverkehr".

Verständlichkeit
Die finale Trendstudie sollte für den Adressatenkreis schlüssig und leicht verständlich sein. Das Trendteam hat nach wochenlanger Beschäftigung mit einem Thema viele Informationen und Vorstellungen im Kopf, die selbstverständlich erscheinen lassen, was vor Beginn der Trendanalyse noch unbekannt war. Dem Leser fehlt dieses Hintergrundwissen. Er beschäftigt sich möglicherweise das erste Mal mit dem Trend. Bei der Ausarbeitung der Trendstudie muss daher viel Wert auf eine klare Darstellung und Argumentation der Erkenntnisse gelegt werden.

Management Summary
Die Management Summary fasst die wesentlichen Kernbotschaften der Trendstudie zusammen. Sie ermöglicht Entscheidern in kurzer Zeit, die für sie relevanten Informationen aufzunehmen und in ihrer Arbeit zu berücksichtigen, ohne die gesamte Studie lesen zu müssen. Sie sollte daher alle wichtigen Aussagen enthalten und auch ohne Bezug auf andere Teile der Studie verständlich sein. Je nach Adressatenkreis kann die Management Summary unterschiedliche Punkte enthalten. Was für die breite Öffentlichkeit interessant ist, wird sich meist von der individuellen Unternehmensperspektive unterscheiden.

Präzise Formulierungen der Kernbotschaften
Die Kernbotschaften sind die Essenz einer Trendstudie und damit Bestandteil der Management Summary, wo sie oft zusätzlich herausgehoben werden. Sie umfassen die abgeleiteten Handlungsempfehlungen oder stellen die Ausgangsbasis für sie dar. Sie dienen als Grundlage unternehmerischer Entscheidungen und fließen somit in die Ausrichtung eines Unternehmens ein. Um handlungsleitend werden zu können, werden sie auf die Kernaussage fokussiert und sehr präzise formuliert.

> **Praxistipp**
>
> Ein wichtiger Faktor der Kernbotschaften ist die Art ihrer Formulierung. Leicht akzeptierbare Aussagen lösen beim Leser wenig Handlungsdruck aus, sie werden zur Kenntnis genommen und dann oft nicht weiter beachtet. Eine polarisierende oder sogar provokative Formulierung führt hingegen zu einer intensiven Beschäftigung mit der Aussage. Damit steigt die Chance auf wirkliche Veränderungen im Unternehmen.

Anschlussfähigkeit
Eine Trendstudie liefert nur dann Mehrwert, wenn sie dem Leser für ihn relevante Erkenntnisse liefert. Zweck der Trendanalyse ist die Identifikation von Entwicklungen außerhalb des direkten Unternehmensumfelds, die zukünftig für das Unternehmen relevant werden. Diese sind meist noch nicht im Sichtfeld der Entscheider, ihr künftiger Einfluss auf das Unternehmen noch nicht bekannt. Für eine Trendstudie ist es ganz entscheidend, die Verbindung zum bestehenden Geschäft sehr konkret darzustellen und deren Bedeutung sichtbar zu machen. Eine zu abstrakt gehaltene Trendstudie wird wenig Veränderung bewirken. Das Interesse kann umso besser geweckt werden, je besser die Zielgruppe der Studie bekannt ist.

Klare Struktur
Umfangreiche Trendstudien werden nur selten komplett gelesen. Viele Entscheider haben wenig Zeit für die Beschäftigung mit der langfristigen Zukunft. Eine klare Strukturierung hilft dem Leser, die für ihn relevanten Teile schnell zu finden und die wichtigen Informationen mit geringem Zeitaufwand aufzunehmen. Hilfreich für die Orientierung ist zudem eine für alle Trendstudien einheitliche Struktur.

7.4 Einsatzfelder

Da die Trendstudie eine Grundlage für unternehmerische Entscheidungen sein soll, muss sich die Interpretation auf die jeweils spezifische Fragestellung beziehen. Je nach Anlass rücken dafür unterschiedliche Aspekte in den Vordergrund, andere verlieren an Bedeutung.

Strategische Unternehmensausrichtung
Die strategische Ausrichtung eines Unternehmens erfordert einen breiten Blick in die Zukunft. Eine einzelne Trendstudie ist dazu nicht ausreichend. Übersichten über mehrere Trends, wie etwa ein Trendradar, sind dafür besser geeignet. Zwar bietet der Trendradar eine gute Übersicht über zukünftige Entwicklungen, er ist aber inhaltlich weniger detailliert. Bedeutsame Trends sollten ergänzend zum Trendradar durch tiefergehende Trendstudien detailliert beleuchtet werden.

Strategische Planung
Für den jährlichen Strategieprozess sind insbesondere Trendstudien zu Trends mit unmittelbarem Einfluss auf die Kerngeschäftsfelder des Unternehmens interessant. Aufgrund des zeitlichen Fokus von typischerweise drei bis fünf Jahren liegt der Schwerpunkt auf kurzfristigen Trendentwicklungen mit dem Ziel, konkrete Handlungsempfehlungen abzuleiten, die im betrachteten Planungszeitraum bereits umgesetzt werden können.

Produktinnovation und strategische Innovation
Trendstudien liefern eine Vielzahl von Impulsen für Innovationsaktivitäten, sowohl für Produktentwicklungen wie auch für strategische Innovationen. Die identifizierten Entwicklungen, Best Practices von Startups und anderen Unternehmen, neue Technologien und vieles mehr können als Quelle und Inspiration im Rahmen üblicher Innovationsmethoden dienen. Dazu sind die im Unternehmenskontext interessantesten und inspirierendsten Impulse auszuwählen und für die konkrete Anwendung im Rahmen einer Innovationsmethodik aufzubereiten.

Investitionsentscheidungen
Trendstudien bilden die Grundlage für die Annahmen einer Investitionsrechnung etwa zum Zustand von Märkten, Technologien oder Preis- und Kostenentwicklungen. Die Art der Investition bestimmt damit die zu betrachtenden Trends.

Stimulierende Impulse

Im Rahmen einer Trendstudie entstehen viele Erkenntnisse, die nicht unmittelbar für die ursprüngliche Zielsetzung relevant sind. Gerade in großen und diversifizierten Unternehmen finden sich aber oft Bereiche, für die diese Erkenntnisse sehr interessant sein können. Im Rahmen der Interpretation können auch solche Informationen in den entsprechenden Kontext gesetzt und aktiv an den jeweiligen Bereich im Unternehmen kommuniziert werden.

Risikomanagement

Insbesondere bei Trendstudien mit einem weiten Blick in die Zukunft werden immer wieder fundamentale Bedrohungen für das Unternehmen, dessen Produkte und Märkte erkannt, die für das übergreifende Risikomanagement des Unternehmens wichtig sind. In der Praxis ist das Risikomanagement aber selten der Initiator einer Trendstudie, sondern profitiert lediglich von deren Erkenntnissen.

Ihr Transfer in die Praxis

- Erstellen Sie das Konzept für Ihre erste Trendstudie. Fokussieren Sie sich dabei zunächst auf die aus Ihrer Sicht entscheidenden Bestandteile.
- Füllen Sie das Konzept mit den Ergebnissen Ihrer ersten Trendanalyse, indem Sie stichwortartig die wesentlichen Informationen und Aussagen in die jeweiligen Abschnitte einfügen. Beachten Sie dabei die Hinweise im Text.
- Formulieren Sie die Kernbotschaften der Trendstudie. Wie zuversichtlich sind Sie, dass diese Erkenntnisse zuverlässig sind? Gegebenenfalls recherchieren Sie weitere unterstützende Informationen.
- Durch welche ergänzenden Elemente der Trendstudie können die Kernbotschaften verdeutlicht und untermauert werden, so dass sie den Leser der Trendstudie überzeugen?

8

Trendradar: Übersicht der relevanten Trends

> **Was Sie aus diesem Kapitel mitnehmen**
>
> - Welche Informationen in einem Trendradar dargestellt werden.
> - Welche Bewertungskriterien im Trendradar genutzt werden.
> - Wie ein Trendradar-Dokument aufgebaut ist.
> - Bei welchen Fragestellungen im Unternehmen ein Trendradar eingesetzt wird.

8.1 Konzept

Der Trendradar ist neben der Trendstudie das zweite, weit verbreitete Ergebnisformat der Trendanalyse. Fokussiert sich die Trendstudie auf einen spezifischen Trend, gibt der Trendradar die Übersicht über die Vielzahl unterschiedlicher Trends. Die individuelle Situation und die aktuellen Fragestellungen eines Unternehmens spiegeln sich in der Auswahl der dargestellten Trends wider, etwa in der Fokussierung auf eine Branche oder auf bestimmte Technologiefelder. Damit stellt der Trendradar die für ein Unternehmen relevanten Trends nach ausgewählten Kriterien geordnet dar und bringt wichtige Erkenntnisse in die Aufmerksamkeit der Entscheider.

> Der **Trendradar** ist die Gesamtübersicht über alle als relevant betrachtete Trends für einen spezifischen Bereich, etwa ein Unternehmen oder dessen Märkte, Produkte oder interne Prozesse.

Der klassische Trendradar
Die weitaus häufigste Darstellung des Trendradars ist die abstrahierte Form eines Radarbildschirms (Abb. 8.1). Dabei sind die Trends um den Mittelpunkt eines Kreises angeordnet. Gelegentlich wird auch nur ein Halbkreis oder ein anderer Kreisausschnitt für die Darstellung verwendet.

In der Radar-Darstellung steckt die wesentliche Information über die dargestellten Trends in der Entfernung zum Zentrum. Wie bei einem echten Radar zeigen sich junge Trends zuerst am äußeren Rand und wandern mit der Zeit in Richtung Mitte. Der Abstand zum Zentrum visualisiert somit die Reife eines Trends. Je zentraler sich ein Trend

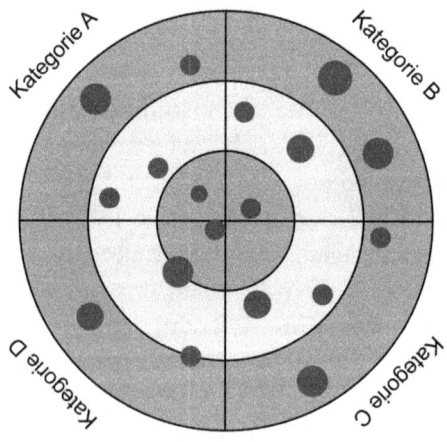

Abb. 8.1 Klassischer Trendradar

befindet, desto eher muss sich ein Unternehmen mit ihm auseinandersetzen.

Der lang-, mittel- und kurzfristigen Relevanz werden oft pauschale Handlungsempfehlungen zugeordnet. Typisch ist die Einteilung in *watch, prepare, act* (Beobachten, Vorbereiten, Handeln) in der Reihenfolge von außen nach innen. Aus dieser Bewertung ergibt sich der weitere Umgang mit dem Trend:

- *Watch:* Der Trend ist für das Unternehmen interessant und sollte weiter beobachtet werden.
- *Prepare:* Das Unternehmen sollte mögliche Chancen und Risiken identifizieren und sich auf das eigene Handeln vorbereiten.
- *Act:* Es ist Zeit zu handeln!

Neben dem zeitlichen Aspekt, der Trendreife, ist die Bedeutung bzw. der Einfluss eines Trends, die Trendrelevanz, eine weitere wichtige Information. Sie wird im Trendradar üblicherweise durch die Größe der Trendpunkte dargestellt. Starke Trends heben sich so deutlich von kleineren Veränderungen ab.

Der Grund für die häufige Verwendung von Trendradaren liegt in ihrer intuitiven Verständlichkeit. Die wichtigen Aussagen der Trendbewertung erschließen sich dem Betrachter, ohne dass er sich vorher mit der Methodik auseinandersetzen muss.

Zur Strukturierung der verschiedenen Trends wird der Trendradar in mehrere Kreissegmente unterteilt, die jeweils Trends einer bestimmten Kategorie enthalten. Häufig wird die in Abschn. 1.6 beschriebene STEEP-Einteilung (abgleitet aus Social, Technological, Economic, Ecological und Political Change) verwendet. Es finden sich aber auch ganz individuelle Aufteilungen, die beispielsweise die Produkt- oder Marktsegmente des Unternehmens widerspiegeln.

Zusätzliche Informationen können durch unterschiedliche Farben der Trendpunkte oder spezifische Symbole visualisiert werden. Auf diese Weise kann der Radar um viele Informationen erweitert werden. Dabei sollte jedoch eine zu hohe Komplexität vermieden werden, um die intuitive Verständlichkeit nicht zu beeinträchtigen.

Die Darstellung in Form eines Radars wird von vielen Softwareprodukten unterstützt. Kommerziell erhältliche Software-Programme bieten zudem Möglichkeiten der Interaktion wie etwa das gezielte Einblenden von Zusatzinformationen oder die Visualisierung von Abhängigkeiten und Veränderungen.

Portfoliodarstellung
Die Darstellung des Trendradars in Form eines Radarbildschirms ist die populärste Form der Visualisierung und Grund für dessen Namensgebung. Gelegentlich werden aber auch andere Darstellungsweisen genutzt.

Eine Alternative ist die zweidimensionale Portfoliodarstellung (Abb. 8.2), wie sie häufig im Portfoliomanagement eingesetzt wird. Im Portfoliomanagement unterstützt sie die Verteilung von Ressourcen auf eine Vielzahl von Projekten. Analog müssen im Trendbereich

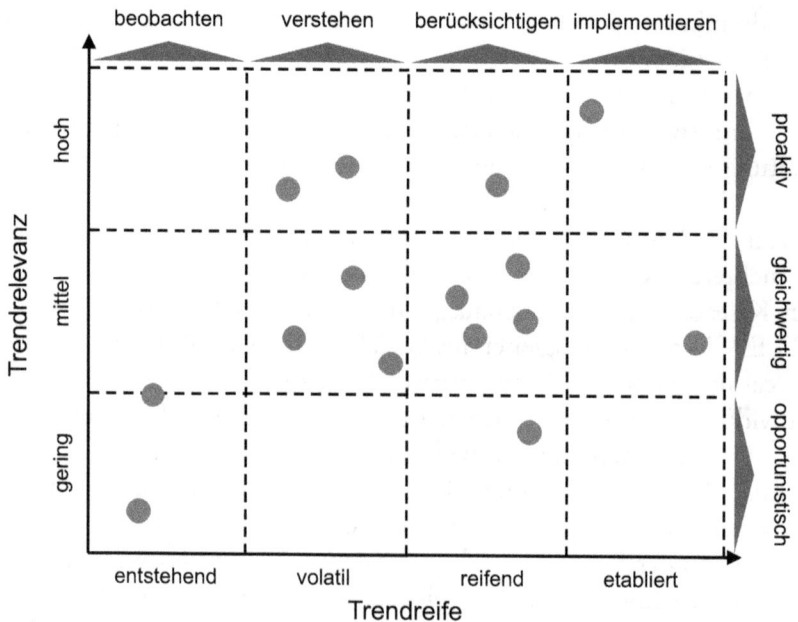

Abb. 8.2 Portfoliodarstellung eines Trendradars, angelehnt an 1

vorhandene Ressourcen auf Projekte zu verschiedensten Trends verteilt werden. Die Portfoliodarstellung eignet sich damit besonders für die Ableitung strategischer Entscheidungen im Sinne einer Priorisierung von Aktivitäten. Auch bei der Trendanalyse geht es häufig um die Verteilung von Ressourcen auf Aktivitäten, die sich aus den Handlungsempfehlungen ergeben.

Die zweidimensionale Darstellung ermöglicht die Darstellung zweier unabhängiger Parameter. Wie bereits in der Radardarstellung werden häufig *Trendrelevanz* und *Trendreife* verwendet, nun allerdings als die beiden Achsen des Diagramms.

Auch aus der Portfoliodarstellung können konkrete Handlungsempfehlungen abgeleitet werden, die aufgrund der Zweidimensionalität detaillierter sein können als im Radarbild. Dazu wird jede Achse in Segmente geteilt, die eine sinnvolle Klassifizierung der Trends ermöglichen. Im gezeigten Beispiel ist die Achse der Trendreife in *entstehend, volatil, reifend* und *etabliert* unterteilt. Jeder Kategorie kann nun eine Handlungsempfehlung zugeordnet werden:

- *Entstehend:* Der Trend ist neu entstanden und sein weiterer Verlauf noch weitestgehend unklar. Er sollte weiter beobachtet werden.
- *Volatil:* Der Trend hat sich bestätigt und wird stabiler. Es ist an der Zeit, ihn genauer zu verstehen und erste Möglichkeiten zu identifizieren.
- *Reifend:* Der Trend hat sich verfestigt. Seine Auswirkungen sollten in Entscheidungen systematisch berücksichtigt werden.
- *Etabliert:* Der Trend ist in der Breite wirksam. Das Unternehmen muss durchgängig seine Chancen nutzen und die Risiken minimieren.

Die Achse der Trendrelevanz ist in die Kategorien *gering, mittel, hoch* unterteilt. Handlungsempfehlungen könnten sein:

- *Gering:* Die Chancen des Trends werden als gering eingeschätzt. Es empfiehlt sich ein opportunistisches Vorgehen.

- *Mittel:* Die Chancen des Trends sind attraktiv. Sie sollten gleichberechtigt mit vergleichbaren Alternativen, etwa anderen Projekten oder Investitionsmöglichkeiten, bewertet werden.
- *Hoch:* Die Chancen des Trends sind sehr groß und können das Unternehmen langfristig verändern. Es sollte proaktiv in den Trend investiert und Kompetenzen aufgebaut werden.

In der Kombination beider Achsen segmentiert sich die Portfoliodarstellung in zwölf Felder mit jeweils unterschiedlichen Handlungsempfehlungen, die als Ausgangspunkt der Entscheidungsfindung dienen.

Bewertungskriterien
Wie bereits erwähnt sind *Trendreife* und *Trendrelevanz* häufig verwendete Kriterien für die Einordnung der Trends auf dem Trendradar. Die Trendreife bewertet den Trend auf seinen heutigen Zustand unabhängig vom Unternehmen. Die Trendrelevanz ist ein Maß für die Bedeutung des Trends für das jeweilige Unternehmen. Für die Anwendung müssen beide Begriffe nach möglichst objektiven und im Rahmen von Trendanalysen bewertbaren Kriterien definiert werden. Andernfalls besteht die Gefahr, die Bewertung durch subjektive Einschätzungen zu verfälschen.

Die *Trendreife* kann sich aus der Position des Trends im Gartner Hype Cycle oder dem Diffusionsmodell ergeben. Die Einstufung kann im besten Fall aus der Literatur entnommen werden. Meistens ist aber eine eigene Bewertung erforderlich, die eine detaillierte Analyse erforderlich macht. Dabei müssen die Bewertungsparameter an beobachtbaren Größen festgemacht werden, die über ein Punktesystem bewertet werden können, etwa nach dem folgenden Schema:

- 0 Punkte: Über den Trend wird nur besprochen.
- 1 Punkt: Erste Signale oder Entwicklungen zum Trend sind vorhanden.
- 2 Punkte: Erste Anzeichen des Trends sind im Alltag sichtbar.
- 3 Punkte: Der Trend ist an verschiedensten Stellen sichtbar.
- 4 Punkte: Der Trend ist etabliert und wird als selbstverständlich angenommen.

Das Beispiel illustriert die grundlegende Herangehensweise bei der Bewertung qualitativer Parameter und wird in der Praxis meist stärker detailliert. Zum Beispiel kann die Reife von Technologietrends an Parametern wie Anzahl von Forschungsprojekten, Existenz von resultierenden Produkten, Grad der Standardisierung, Anzahl von Firmen in dem Bereich und Vielem mehr festgemacht werden. Die einzelnen Parameter werden dann separat bewertet und die Punkte gegebenenfalls unter Anwendung eines Gewichtungsfaktors aufaddiert.

Die *Trendrelevanz* bezieht sich auf das jeweilige Unternehmen und kann gut an wirtschaftlichen Kennzahlen festgemacht werden, wie etwa das durch den Trend entstehende Umsatz- und Effizienzpotenzial. Negative Effekte eines Trends werden dann entsprechend durch die Größe des bedrohten Umsatzes oder Gewinns bewertet. Dabei können die Kennzahlen entweder qualitativ abgeschätzt oder über konkrete zukünftige Anwendungsfälle quantitativ berechnet werden. Weitere mögliche Bezugsgrößen können sich aus den strategischen Zielen des Unternehmens ableiten, etwa der Beitrag des Trends zur Diversifizierung des Unternehmens oder der Erreichung umweltpolitischer Ziele. Fließen mehrere Parameter in die Bewertung ein, können diese wieder über ein Punktesystem zu einer Gesamtbewertung zusammengeführt werden.

Es empfiehlt sich, die Bewertungsmethodik konkret auszuformulieren und sich strikt daran zu halten. Sie sollte unabhängig von der Person und dem Zeitpunkt der Bewertung bei gleichen Ausgangsinformationen zu derselben Einschätzung führen. Zudem muss die Genauigkeit der Ergebnisse eine eindeutige und reproduzierbare Positionierung im Trendradar ermöglichen. Je präziser die Bewertungskriterien formuliert sind, desto besser wird dies gelingen.

In den Kap. 4 und 5 haben wir gesehen, wie aufwändig eine systematische Trendrecherche und -analyse sein kann. Viele Trendteams gehen daher pragmatischen vor und binden interne oder externe Experten in die Trendbewertung ein. Die Qualität der Ergebnisse hängt dann wesentlich vom Wissen der Experten ab, die alle ihre eigene Sicht auf den jeweiligen Trend haben. Um Verzerrungen zu vermeiden (vgl. Kap. 6), werden mehrere Experten zu den einzelnen Bewertungskriterien befragt und die Ergebnisse dann zu einer Gesamtbewertung zusammengeführt.

Gut vorbereitete Experteninterviews reichen in der Regel aus. Profis setzen mehrstufige Abstimmungsverfahren wie die *Delphi-Methode* ein.

> **Praxistipp**
>
> In der Praxis findet man häufig das Bestreben, möglichst viele Personen in die Trendbewertung einzubinden und so das im Unternehmen vorhandene Wissen abzugreifen und die Akzeptanz der Ergebnisse zu steigern. Der Aufwand ist bei Einsatz entsprechender Softwareprogramme gering.
> Bei dieser Vorgehensweise wird es aufgrund des unterschiedlichen Wissens und der verschiedenen Sichtweisen der einzelnen Personen immer eine Bandbreite an Einschätzungen geben, die durch rein statistische Effekte extreme Bewertungen abmildert. Das führt zu weniger deutlichen Aussagen und kann hohen Handlungsdruck überdecken und falsche Sicherheit erzeugen. Personen mit wenigen Kontaktpunkten zu den jeweiligen Themen werden zudem sehr subjektive Meinungen abgeben und so das Gewicht gut begründeter Bewertungen der (wenigen) Spezialisten verwässern.
> Entscheidet man sich für dieses Vorgehen, empfiehlt es sich, Trends nur von Personen bewerten zu lassen, die sich mit dem Trend bereits fachlich auseinandergesetzt haben. Zudem muss das Trendteam die Möglichkeit haben, einzelne Einschätzungen zu hinterfragen und gegebenenfalls nachträglich anzupassen.

Die auf dem Trendradar gezeigten Trends sind bereits nach Relevanz für das Unternehmen vorselektiert. Als unwichtig erkannte Trends tauchen gar nicht erst auf. Trends, die zuvor in einer Trendstudie analysiert wurden, können leicht in den Trendradar eingeordnet werden, da ihre Relevanz für das Unternehmen gut verstanden ist. In der Regel genügt aber eine Erstbewertung anhand der für den Radar definierten Kriterien, um einen Trend auf dem Radar darzustellen.

8.2 Umsetzung

Der erste Schritt zur Erstellung eines Trendradars ist die Klärung der Zielsetzung. Oft besteht in einem Unternehmen der Wunsch nach einem Blick auf zukünftige Entwicklungen, das Management möchte über neue Chancen und Risiken frühzeitig informiert sein. Bei einer so

...enen Zielsetzung obliegt dem Trendteam die Ausgestal...endradars.
Dennoch empfiehlt es sich, die Anforderungen zu konkretisieren. Letztendlich soll der Trendradar eine Basis für unternehmerische Entscheidungen sein. Dazu muss er die erforderliche Informationsgrundlage schaffen, sinnvolle Bewertungskriterien nutzen und eine verständliche Visualisierung schaffen. Je genauer die Zielsetzung bekannt ist, desto zielgerichteter kann der Trendradar entwickelt werden. Aus der Zielsetzung ergeben sich sowohl die Informationen, die im Trendradar dargestellt werden sollen, wie auch die Ausgestaltung der Kriterien der Trendbewertung.

Erstellung eines Trendradars
- Festlegung der Zielsetzung
- Erarbeitung der Methodik
- Festlegung der grafischen Darstellung
- Abstimmung mit den späteren Nutzern
- Inhaltliche Erarbeitung des Trendradars
- Ausgestaltung des Trendradar-Dokuments

Aus der Zielsetzung des Trendradars ergibt sich die Trendauswahl. Sind generell alle Trends von Interesse oder kann eine Beschränkung auf eine Branche (z. B. Logistiktrends) oder eine Trendkategorie (z. B. Gesellschaftstrends) vorgenommen werden? Sind Mega-, Macro- oder Micro-Trends relevant oder ein Mix davon? Eine sinnvolle Fokussierung reduziert den Arbeitsaufwand, darf aber die Zielsetzung des Trendradars nicht beeinträchtigen.

Ist die spätere Verwendung des Trendradars bekannt, können daraus die Bewertungskriterien abgeleitet werden, so dass sie die relevanten Kriterien für anstehende Entscheidungen weitestgehend berücksichtigen. Sie werden möglichst konkret und verständlich ausformuliert und mit einem Bewertungsschema versehen. Hilfreich sind ergänzende Informationen zur Handhabung des Bewertungsschemas. Präzise Vorgaben sorgen dafür, dass gleiche Informationen unabhängig vom Bewerter nachvollziehbar zur selben Bewertung führen.

> **Bewertungskriterien des DB Digital.Trend.Radars der DB Systel [1]**
>
> Die DB Systel ist der Digitalpartner der Deutschen Bahn und treibt als interner Dienstleister die Digitalisierung der Deutschen Bahn voran. Der *DB Digital.Trend.Radar* dient dabei als Grundlage der strategischen Ausgestaltung des Angebotsportfolios. Es geht also darum, welche digitalen Produkte, Dienstleistungen und Kompetenzen die DB Systel vorhalten muss, um heute wie auch zukünftig innovativer Partner im Konzernverbund zu sein.
>
> Das Maß für die Trendrelevanz ist der *DB Business Value*. Er beantwortet die Frage: *Wie wichtig ist es für die Deutsche Bahn, sich mit dem Trend auseinanderzusetzen?* Dazu werden Chancen und Risiken zukünftiger Anwendungsszenarien für die Deutsche Bahn auf Sicht von zehn Jahren bewertet. Die bewerteten Kriterien sind:
>
> - Umsatzpotenzial
> - Effizienzpotenzial
> - Disruptionspotenzial
> - Regulatorisches
>
> Das Maß für die Trendreife ist die *Maturity*. Sie beantwortet die Frage: *Wie leicht ist es heute bereits, die aus dem Trend resultierenden Möglichkeiten zu nutzen?* Die *Maturity* untergliedert sich in die Bewertungskriterien:
>
> - Marktstrategie
> - Marktverfügbarkeit
> - Interoperabilität
> - Ökosystem
> - Status der Peer Group

Das Bewertungsschema wird dann an einem ersten Trend auf seine Anwendbarkeit geprüft. Dabei zeigen sich oft praktische Schwierigkeiten, etwa wenn die typische Qualität verfügbarer Informationen für eine Bewertung nicht ausreichend ist oder ein Bewertungskriterium von verschiedenen Bewertern unterschiedlich verstanden wird. Das beste Schema nutzt nichts, wenn es in der Praxis versagt. Dann muss es überarbeitet und erneut auf seine Anwendbarkeit getestet werden.

Basierend auf den inhaltlichen Anforderungen wird die Darstellungsform des Trendradars – Radardiagramm oder Portfoliodarstellung –

sowie dessen Strukturierung festgelegt. Welche Informationen sollen zu den einzelnen Trends gezeigt und wie sollen diese visualisiert werden? Wie sollen Design und Farbgebung sein? Welche erklärenden Informationen gehören in die Legende? Bei der Ausgestaltung können Trendradare anderer Firmen als Orientierung herangezogen und auf die eigenen Zwecke hin modifiziert werden.

Wird eine Trendradar-Software (etwa Itonics [2], TrendOne [3], Fibres [4]) für die Darstellung genutzt, sind viele Parameter bereits vorgegeben. Bei der Auswahl der Software muss darauf geachtet werden, dass vorhandene Einschränkungen nicht den angestrebten Nutzen beeinträchtigen.

Im nächsten Schritt wird der Trendradar mit ersten Trends exemplarisch gefüllt, wobei es weder auf Vollständigkeit noch auf Detailtiefe ankommt. Das entstehende Gesamtbild dient der Überprüfung der späteren Vorgehensweise bei der Diskussion und Ableitung von Empfehlungen. Ist die Gesamterscheinung des Trendradars positiv und professionell? Sind die wesentlichen Informationen leicht ablesbar? Gelingt die Ableitung von sinnhaften Handlungsempfehlungen? Dann ist es an der Zeit, den Trendradar und das geplante Vorgehen mit der späteren Zielgruppe zu diskutieren.

Die späteren Nutzer des Trendradars sehen nun zum ersten Mal das gesamte Bild und können sich mit dem Vorgehen vertraut machen. Diese ersten Abstimmungen erzeugen Akzeptanz und gleichen die Erwartungshaltung mit den realistischen Möglichkeiten einer Trendanalyse ab. Noch sind keine Entscheidungen zu fällen. Es ist aber sicherzustellen, dass der Trendradar eine gute Grundlage für spätere Entscheidungen bietet. Dabei tauchen immer wieder Anforderungen auf, die im Konzept noch nicht berücksichtigt sind. Zu diesem Zeitpunkt können Änderungswünsche noch problemlos berücksichtigt werden. Ist der Trendradar erst mit allen Trends gefüllt, verursachen weitere Änderungen einen hohen Mehraufwand.

Der Zeitaufwand für die Entwicklung der Methodik bis hin zur Abstimmung mit den späteren Nutzern der Ergebnisse kann zwei bis drei Monate in Anspruch nehmen. Wird eine Software zur Visualisierung eingesetzt, kommt noch der Zeitbedarf für die Auswahl und

Beschaffung hinzu. Erst dann sind alle Voraussetzungen gegeben. Es kann mit dem inhaltlichen Befüllen des Trendradars begonnen werden. Um in einem vertretbaren Zeitraum ein erstes Ergebnis zu liefern, wird üblicherweise mit einer reduzierten Version des Trendradars begonnen, die sich auf ausgewählte, als besonders wichtig erachtete Trends beschränkt. Nicht jede Trendbewertung muss dafür auf einer umfassenden Trendstudie basieren. Eine gewissenhaft ausgeführte Ersteinschätzung ist zunächst ausreichend. Umfang und Detaillierung des Trendradars können dann in den folgenden Zyklen sukzessive ausgebaut werden. Um keinen falschen Eindruck zu erwecken, sollten die Kompromisse bei der Erstellung des ersten Trendradars mit den Auftraggebern abgestimmt bzw. bei der Vorstellung des Ergebnisses klar kommuniziert werden.

Ist die Fertigstellung des ersten Trendradars abzusehen, muss die anschließende Anwendung abgestimmt werden. Wie kann die ursprüngliche Zielsetzung erreicht werden? Wem muss der Trendradar dafür vorgestellt werden und in welchem Format? Wie werden Handlungsempfehlungen abgeleitet und was muss vorbereitet werden, damit diese auch umgesetzt werden können?

Üblicherweise wird der Trendradar in Form einer Präsentation den Auftraggebern vorgestellt und die Ergebnisse mit ihnen diskutiert. Manchmal gibt es zunächst eine Informationsveranstaltung mit der Übersicht über das Gesamtbild und eine übergreifende Diskussion, gefolgt von einem oder mehreren Workshops oder Folgeterminen zur Ableitung von konkreten Maßnahmen. Meist wird das Dokument innerhalb des Unternehmens breit verfügbar gemacht und aktiv kommuniziert. Eine mögliche Verwendung des Trendradars in der externen Kommunikation erfolgt durch den Marketingbereich.

Technologieradare

Neue Technologien bieten in vielen Branchen ein großes Veränderungspotenzial. Sie ermöglichen innovative Produkte und Produktionsweisen bis hin zu neuen Geschäftsmodellen. Aus diesem Grund finden sich häufig Technologieradare, die ausschließlich Technologietrends enthalten. Als Trendname wird meist der Begriff der betrachteten Technologie verwendet, z. B. Künstliche Intelligenz, womit im Sinne eines Trends die zunehmende Leistungsfähigkeit bzw. der zunehmende Einsatz der Technologie gemeint ist.

Häufig enthalten Technologieradare nicht nur übergreifende Entwicklungen, sondern spezifische Technologieansätze oder sogar konkrete Produkte. Anstelle von künstlicher Intelligenz werden dann beispielsweise verschiedene Hardware-Lösungen (z. B. neuromorphe Computer) oder Anwenderprodukte (z. B. ChatGPT) aufgenommen. Diese Art von Radar ermöglicht die Auswahl konkreter Technologien zur Lösung aktueller Herausforderungen, eignet sich aber weniger für die Managementdiskussion strategischer Fragestellungen. Die Wahl des richtigen Detaillierungsgrads hängt von der jeweiligen Zielsetzung ab.

8.3 Dokumentation

Unter einem Trendradar wird üblicherweise die grafische Darstellung von Trends in einem Radardiagramm oder einer alternativen Visualisierung verstanden. Diese Darstellung ist allein aber nicht ausreichend verständlich und muss daher mit weiteren Informationen und Erläuterungen angereichert werden.

So muss mindestens zu jedem Trend eine Definition oder kurze Beschreibung vorhanden sein, damit überhaupt Erkenntnisse abgeleitet werden können. Meist wird jeder Trend in Form eines mehr oder weniger ausführlichen Trendporträts definiert, beschrieben und mit weiteren Informationen versehen. Das können Zahlen und Fakten zum Trend sein, Anwendungsbeispiele, die Nennung von relevanten Unternehmen, Startups und vieles mehr. Diese Angaben ermöglichen Lesern ein besseres Verständnis des Trends und veranschaulichen wesentliche Entwicklungen.

Zudem werden die wesentlichen Argumente aufgeführt, die zur jeweiligen Bewertung des Trends geführt haben. So kann ein hohes Umsatzpotenzial der wesentliche Treiber einer positiven Bewertung oder eine geringe technische Zuverlässigkeit der Grund für eine negative Bewertung sein. Oft sind es mehrere Faktoren, die gemeinsam den Ausschlag für die Bewertung geben und dann auch aufgeführt werden.

Der Einfluss des Trends auf das Unternehmen, sowie entstehende Chancen und Risiken werden beschrieben. Informationen zu relevanten

Aktivitäten innerhalb des Unternehmens oder die Nennung von bereits bestehenden Produktangeboten mit Anknüpfungspunkten zum Trend sind insbesondere für die spätere Ableitung von Handlungsempfehlungen nützlich.

> **Beispielhafte Gliederung eines Trendradar-Dokuments**
> - Vorwort
> - Beschreibung der wesentlichen Erkenntnisse
> - Grafische Darstellung des Trendradars
> - Trendporträts aller Trends
> - Beschreibung der Methodik
> - Kontaktinformationen
> - Referenzen

Wie bei der Trendstudie auch, enthält ein typisches Trendradar-Dokument weitere Elemente wie

- eine Zusammenfassung der wesentlichen Erkenntnisse, um dem Leser die Interpretation zu erleichtern und die schnelle Aufnahme der wichtigen Informationen zu ermöglichen.
- die Beschreibung der Methodik und Vorgehensweise, um dem Leser die Solidität der Vorgehensweise zu vermitteln.
- einen allgemeinen Teil mit Ansprechpartner und Kontaktinformationen, Referenzen, Angaben des Herausgebers etc.

Wird der Trendradar auch außerhalb des Unternehmens kommuniziert, wird diese Grundstruktur meist durch weitere Beiträge angereichert wie mit einem Vorwort, Experteninterviews, Bildern, Zitaten und Projektbeispielen sowie dem Produktangebot des Unternehmens zu den einzelnen Trends. Zudem wird viel Wert auf ein professionelles Layout gelegt.

Ein Trendradar wird üblicherweise als kontinuierliche Arbeitsgrundlage genutzt. Immer mehr Unternehmen setzen daher das eigene Intranet als Kommunikationsplattform ein. Der Trendradar ist somit online verfügbar, weiterführende Informationen zu den einzelnen Trends oder zur Methodik sind verlinkt. Auf ein separates Dokument wird verzichtet.

Die Inhalte sind dabei weitgehend deckungsgleich, werden aber auf die typische Online-Darstellung angepasst. Werden Trends neu bewertet oder neue Trends aufgenommen, wird der Trendradar entsprechend angepasst bzw. erweitert, so dass immer der aktuelle Informationsstand für alle sichtbar ist.

Viele Hinweise und Praxistipps zur Finalisierung einer Trendstudie (Abschn. 7.3) gelten gleichermaßen für ein Trendradar-Dokument und sollen an dieser Stelle nicht erneut aufgeführt werden.

8.4 Einsatzfelder

Im Gegensatz zu Trendstudien, die sich auf eine spezifische Entwicklung fokussieren, erzeugt der Trendradar ein Gesamtbild der zukünftig erwarteten Veränderungen. Damit bietet er insbesondere für die übergreifende Ausrichtung eines Unternehmens eine gute Grundlage.

Strategische Unternehmensausrichtung
Der Trendradar bietet Orientierung bei der Entwicklung von Mission und Vision und unterstützt die langfristige strategische Unternehmensausrichtung, indem er eine Übersicht über die wichtigen Veränderungen im unternehmerischen Umfeld schafft. Er ist ein guter Ausgangspunkt für die Diskussion, in welche Richtung sich ein Unternehmen langfristig entwickeln soll.

Strategische Planung
Ein häufiges Anwendungsfeld des Trendradars ist der jährliche Strategieprozess. Dieser startet mit einem übergreifenden Blick auf den aktuellen Zustand des Unternehmens und die wesentlichen Entwicklungen des Umfelds. Zu diesem Zeitpunkt dienen der Trendradar und weitere Erkenntnisse aus der Trendanalyse als Startpunkt der Diskussion. Der Abgleich der Positionen der Trends auf dem Radar mit den Aktivitäten im Unternehmen lässt mögliche Defizite erkennen. Der Vergleich mit der Vorversion des Radars rückt Trends in die Aufmerksamkeit, die sich schnell weiterentwickeln.

Produktinnovation und strategische Innovation
Für Innovationsaktivitäten liefert der Trendradar aufgrund seiner hohen Flughöhe nur wenige Impulse. Hier sind Trendstudien deutlich ergiebiger. Der Trendradar kann aber genutzt werden, um Innovationsschwerpunkte zu setzen und wichtige von weniger wichtigen Innovationsfeldern zu unterscheiden.

Investitionsentscheidungen
Im Rahmen von Investitionsentscheidungen liefert der Trendradar den übergreifenden Blick auf zukünftige Entwicklungen und ermöglicht eine Bewertung, inwieweit die Investition in ein zukunftsträchtiges Feld fließen wird. Der Trendradar ist aber zu unkonkret, um weitergehende Aussagen zu ermöglichen.

Stimulierende Impulse
Die Übersicht über die verschiedenen Trends unterstützt eine ganzheitliche Betrachtung verschiedenster Themen, die den Denkhorizont durchaus erweitern können. Eine Vielfalt konkreter Impulse, wie sie etwa eine Trendstudie mit sich bringt, ist vom Trendradar aber nicht zu erwarten.

Risikomanagement
Die systematische Diskussion des Trendradars führt zu einer hohen Transparenz der trendbedingten fundamentalen Risiken und ermöglicht das Festlegen angemessener proaktiver oder reaktiver Maßnahmen. Während Trendstudien die Risiken einzelner Trends erkennen, bietet der Trendradar den breiten Blick auf alle trendbedingten Risikofaktoren. Gelegentlich finden sich analoge Radardarstellungen, die anstelle von Trends konkrete Risiken aufführen. Diese zählen zwar zum Risikomanagement, nicht zum Trendmanagement, bedienen sich aber einer vergleichbaren Logik der Bewertung und Darstellung.

Anwendungsbeispiel Trendradar

Der Trendradar ist ein bewerteter Überblick aller für ein Unternehmen relevanter Trends und kann als Ausgangspunkt für die Entwicklung von Strategien und die Ableitung von Maßnahmen genutzt werden. Dies sollte nach einiger Zeit dazu führen, dass alle als wichtig erkannten Trends im Unternehmen ausreichend berücksichtigt werden.

Ist die Trendanalyse neu im Unternehmen oder noch nicht durchgängig verankert, so kann sie auch nachträglich als Qualitätscheck bestehender Aktivitäten eingesetzt werden. Beispielsweise kann eine bestehende Strategie daraufhin überprüft werden, ob bereits alle wichtigen Trends darin aufgegriffen wurden. Alternativ können die Projekte des aktuellen Innovationsportfolios mit dem Trendradar abgeglichen werden. Wie verteilt sich das Entwicklungsbudget auf die jeweiligen Trends und entspricht das der Trendbewertung? Eine solche Betrachtung liefert Anhaltspunkte zur Optimierung laufender Aktivitäten und zeigt blinde Flecken auf.

Ihr Transfer in die Praxis

- Überlegen Sie für den von Ihnen ausgewählten Trend, an welchen Eigenschaften Sie seine *Trendreife* und die *Trendrelevanz* festmachen würden?
- Entwerfen Sie eine Skala von 0 (unreif) bis 4 (reif) und beschreiben Sie Ausprägungen der Eigenschaften, die auf den einzelnen Stufen erreicht sein müssten. Ordnen Sie dem Trend eine entsprechende Bewertung zu.
- Skizzieren Sie verschiedene Darstellungsformen des Trendradars und zeichnen Sie den bewerteten Trend dort ein. Welche Darstellung passt zu Ihrem Unternehmen und erscheint Ihnen eine gute Grundlage für weiterführende Diskussionen?

Literatur

1. Blechschmidt J. et al (2019). *Digital.Trend.Radar 2020.* DB Systel GmbH
2. Itonics (o. J.). *Itonics Radar – Innovationschancen erkennen. Systematisch wachsen.* https://www.itonics-innovation.de/radar. Zugegriffen: 03.02.2024

3. TrendOne (o. J.). *Das Tool für Innovationsteams, die Innovationen endlich systematisch angehen wollen.* https://www.trendmanager.com/de. Zugegriffen: 03.02.2024
4. Fibres (o. J.). Build your own futures intelligence. https://www.fibresonline.com. Zugegriffen: 03.02.2024

9
Trendmanagement als Unternehmensfunktion

> **Was Sie aus diesem Kapitel mitnehmen**
>
> - Welche Tätigkeiten das Trendmanagement umfasst.
> - Wie ein Trendmanagement in einem Unternehmen implementiert wird.
> - Wie das Trendteam im Unternehmen Entscheidungen herbeiführt.
> - Worauf das Trendteam achten muss, um ein Unternehmen erfolgreich zu verändern.
> - Wie Künstliche Intelligenz das Trendmanagement unterstützen kann.

9.1 Tätigkeiten

Trendstudien und *Trendradar* sind die beiden Kernprodukte des Trendmanagements. Ergänzend dazu gibt es oft weitere Ergebnisformate, die Erkenntnisse der Trendanalyse in anderer Form und anderem Umfang jeweils für einen spezifischen Anwendungszweck aufbereiten. Ein Beispiel dafür ist der *Trendimpuls,* der einen spezifischen Trendaspekt prägnant darstellt. Ein weiteres Beispiel ist der *Trend-Pitch,* der einen Trend sehr kompakt und einprägsam beschreibt, um ihn etwa als Impuls für einen Workshop zu nutzen. Alle diese Formate entwickeln sich aus dem jeweiligen Einsatzzweck heraus und unterscheiden sich von Unternehmen zu Unternehmen. Basierend auf einer durchgeführten Trendrecherche sind sie mit den bisher beschriebenen Methoden leicht zu erstellen.

> **Praxistipp**
>
> Die Entwicklung neuer Formate ist entlang der folgenden Fragen leicht durchführbar:
> - Zielsetzung: Was soll mit dem Format erreicht werden?
> - Informationen: Welche Informationen sind dafür erforderlich?
> - Aufbereitung: Wie müssen diese Informationen aufbereitet werden, damit sie für den Anwendungszweck nutzbar sind?
> - Form: Welches Format eignet sich für die angestrebte Nutzung?

Mit diesen Produkten ist das Trendwissen verständlich dokumentiert und für die Nutzung aufbereitet. Nun muss noch sichergestellt werden, dass die Erkenntnisse auch im Unternehmen berücksichtigt werden. Dazu müssen sie zielgerichtet mit den (strategischen) Unternehmensprozessen verknüpft werden. Auch dieser Teil ist Aufgabe eines Trendmanagements.

> Das **Trendmanagement** umfasst die Recherche, die Analyse und die unternehmensspezifische Interpretation von Trendinformationen, verbunden mit dem gezielten Anstoßen von Veränderungen.

Das Trendteam sind die Personen hinter dem Trendmanagement, das je nach Unternehmen aus einem oder mehreren Personen bestehen kann und entweder kontinuierlich oder auch nur zeitweilig an dieser Aufgabe arbeitet. Es verantwortet den Gesamtprozess der Trendanalyse und führt ihn in der Regel zu großen Teilen selbst durch. Das Trendmanagement umfasst dabei fünf Kernaufgaben.

9 Trendmanagement als Unternehmensfunktion

> **Kernaufgaben des Trendmanagements**
> - Trendmethodik etablieren
> - Trendanalyse und -interpretation
> - Wirkung erzeugen
> - Proaktives Gestalten
> - mit Trendwissen unterstützen

Trendmethodik etablieren

Grundlegendes Element der Trendanalyse ist ein durchdachtes methodisches Konzept zur Trendbewertung von der Recherche bis zur Einbringung der Ergebnisse in die Entscheidungsprozesse des Unternehmens. Dazu gehören

- das Design von Trendradar, Trendstudie und weiteren Ergebnisformaten
- die Arbeitsmethodik bei der Trendanalyse
- operative Hilfsmittel wie Software-Programme und Datenablagen
- der Zugang zu Informationsquellen

Beim Aufbau eines Trendmanagements ist die Erarbeitung der Methodik eine der ersten Aufgaben. Dieser Prozess ist in der Praxis nie wirklich beendet, da viele Aspekte sich mit Veränderungen im Unternehmen und seinen Prozessen wandeln müssen.

Trendanalyse und -interpretation

Sind die methodischen Grundlagen gelegt, beginnt die inhaltliche Arbeit zunächst mit der Informationsbeschaffung, der Analyse und dem Ableiten von unternehmensrelevanten Erkenntnissen. Dies umfasst

- die gezielte Informationsbeschaffung
- die Auswertung und Analyse der Informationen
- die Interpretation auf die spezifischen Belange des Unternehmens
- die präzise Formulierung von unternehmensrelevanten Erkenntnissen
- gegebenenfalls die Ableitung von Handlungsempfehlungen

In den frühen Phasen des Trendmanagements geht es zunächst darum, überhaupt an die relevanten Informationen zu gelangen. Da die Informationsbeschaffung und -auswertung mit einem hohen zeitlichen Aufwand verbunden ist, rückt später die Effizienz der Arbeit in den Fokus, etwa operative Aspekte wie die Optimierung der Datenablage, die Art der Zusammenarbeit und die Kommunikation im Trendteam oder eine Standardisierung von Experteninterviews.

Wirkung erzeugen
Die beste Trendanalyse ist nutzlos, werden daraus keine Erkenntnisse abgeleitet, keine Maßnahmen beschlossen und diese dann im Unternehmen umgesetzt. Dazu braucht es mehr als nur eine gute Methodik und gründliche Analyse. Dazu gehören

- die zielgerichtete Kommunikation der Ergebnisse
- die systematische Verzahnung mit den Unternehmensprozessen
- die Akzeptanz der Nutzer und Entscheider

Um eine nachhaltige positive Veränderung eines Unternehmens zu erzeugen, muss der Übertrag der Empfehlungen in die Standardorganisation und -prozesse des Unternehmens gelingen. Dazu müssen weitere, oft recht triviale Dinge beachtet werden, die in Abschn. 9.4 detaillierter beleuchtet werden.

Proaktives Gestalten
Nicht immer wird eine Trendanalyse von Personen außerhalb des Trendteams beauftragt, die dann auch die Ergebnisse in ihre Arbeit einfließen lassen. Insbesondere den stark im operativen Geschäft verankerten Bereichen fehlt oft die Zeit, sich intensiv mit externen Änderungen auseinanderzusetzen. In der Praxis wird daher auch ohne direkten Auftrag gezielt nach Trends mit Auswirkungen auf Kernprozesse, -produkte und -technologien recherchiert, um die Erkenntnisse anschließend aktiv ins Unternehmen zu tragen. Aufgaben dabei sind:

- die Auswahl für das Unternehmen relevanter Trends
- das proaktive Einbringen von Erkenntnissen in die Diskussion

- die Durchführung geeigneter Formate (z. B. Workshops, Vorträge, Kommunikationskanäle) zum Einbringen von Trendwissen in das Unternehmen

Das Verständnis der spezifischen Unternehmenssituation sowie der strategischen Herausforderungen ist eine wichtige Voraussetzung für erfolgreiches proaktives Gestalten. Dazu ist der regelmäßige Austausch mit allen wichtigen Bereichen des Unternehmens erforderlich.

Mit Trendwissen unterstützen
Im Verlauf der Zeit sammelt sich zu den unterschiedlichsten Zukunftsthemen viel interessantes und hilfreiches Wissen beim Trendteam an. Ein im Unternehmen bekanntes und akzeptiertes Team wird daher immer wieder bei unterschiedlichsten Anlässen um Unterstützung gebeten, wie etwa für

- Impulsvorträge zu Zukunftsthemen im Rahmen von unternehmensinternen und -externen Veranstaltungen
- Unterstützung des Vertriebs bei Kundenveranstaltungen etwa mit Vorträgen und Workshops
- Mitarbeit in Innovations- oder Strategieworkshops und diversen Abstimmungsrunden
- Mitarbeit in (strategischen) Entscheidungsgremien
- gezielte Recherchen zu spezifischen Themen
- Einschätzung und Bewertung geplanter Maßnahmen

Der Trendradar als Big Picture der Zukunft ist ein gern genutzter Ausgangspunkt, um angestrebte Veränderungen zu kommunizieren, denn er kann auf einer hohen, allgemein verständlichen Flughöhe die Bedeutung konkreter Aktivitäten begründen. Ein Trendteam, das seine Erkenntnisse nicht nur fachlich, sondern auch inspirierend und unterhaltsam darstellen kann, wird oft und gerne eingebunden.

9.2 Implementierung

Es gibt verschiedene Auslöser für die Implementierung eines Trendmanagements. Oft sind es grundlegende Veränderungen im Unternehmensumfeld, die einen weiteren Blick in die Zukunft erfordern. Manchmal werden interne Prozesse in Frage gestellt und überarbeitet. Oder das Management hat den Eindruck, einen wichtigen Trend „verschlafen" zu haben. Da die genauen Umstände sehr unterschiedlich sein können, werden auch die Vorgehensweisen unterschiedlich sein. Im Folgenden soll exemplarisch ein typisches Vorgehen skizziert werden.

Zum Aufbau eines Trendmanagements startet das junge Trendteam zunächst mit der Abstimmung der Zielsetzung der Aktivitäten. Dazu sind Gespräche mit allen wichtigen Stakeholdern, mindestens aber mit dem Auftraggeber zu führen. In der Regel besteht der Wunsch, zunächst eine Übersicht über die für das Unternehmen relevanten Trends zu erhalten. Der Fokus liegt damit auf der Erstellung eines Trendradars.

Erster Trendradar-Zyklus
In den ersten Wochen liegt die Hauptarbeit in der Festlegung der Methodik und Vorgehensweise, was nicht selten zwei bis drei Monate in Anspruch nehmen kann, insbesondere wenn der Trendradar durch eine Software unterstützt werden soll, die zunächst ausgewählt werden muss. Auch wird über die mögliche Einbindung externer Berater entschieden, wozu eine Reihe von Gesprächen mit ausgewählten Unternehmen zu führen sind. Sollte das Unternehmen sich für eine Beauftragung externer Berater entscheiden, werden einige der im Folgenden beschriebenen Schritte nicht mehr vom Trendteam selbst durchgeführt. Der Arbeitsumfang des Teams reduziert sich abhängig von der Art der Beauftragung. Die Arbeitsschritte bleiben aber im Wesentlichen unverändert.

Nun werden die ersten Trends zunächst grob bewertet und daran das Vorgehen erprobt. Parallel dazu werden die Ergebnisdokumente entworfen. Die Bewertungstiefe richtet sich nach den Informationen, die zur Einordnung der Trends in den Trendradar erforderlich sind. Der Schwerpunkt liegt zunächst auf den allgemein bekannten, großen Trends, bei denen die Relevanz für das Unternehmen offensichtlich ist.

Auf dieser Grundlage wird ein erster Trendradar erstellt und veröffentlicht.

Mit Abschluss des Trendradars startet der erste Versuch, unternehmensrelevante Erkenntnisse abzuleiten. Konkret werden dabei die Trendbewertungen im Radar mit der Situation im Unternehmen abgeglichen. Ist das Unternehmen bereits angemessen gemäß der Einordnung der Trends im Radar aufgestellt? Entspricht die aktuelle Unternehmenssituation der Empfehlung, so ist das Unternehmen aus Trendsicht sinnvoll aufgestellt und es sind keine weiteren Aktivitäten erforderlich. Abweichungen deuten auf Handlungsbedarf hin, der diskutiert wird und, falls erforderlich, zu konkreten Maßnahmen führt.

Bei der Diskussion stehen dabei die reifen Trends im Vordergrund, bei denen der Handlungsbedarf zeitnah und offensichtlich ist. Da die Trendanalyse ein bisher unbearbeitetes Feld war, liefern diese Trends bereits viele Ansatzpunkte. Auch die Festlegung konkreter Maßnahmen fällt nicht schwer. Möglicherweise fehlen aber im Unternehmen geeignete Strukturen, um verschiedene Maßnahmen operativ umzusetzen. Das Lösen dieser Problematik ist allerdings keine Aufgabe des Trendteams.

Zweiter Trendradar-Zyklus
Nun hat das Trendmanagement einen ersten Trendradar-Zyklus durchlaufen und es ändern sich die Schwerpunkte der Arbeit. Methodisch müssen Konzepte und Arbeitsweisen durch das erhaltene Feedback und die erkannten Defizite optimiert werden. Operativ rückt die Bewertung weiterer Trends in den Vordergrund. Trends werden inhaltlich zunehmend detaillierter analysiert, erste Trendstudien entstehen. Diese fließen nicht nur in den Trendradar ein, sondern werden auch unabhängig davon im Unternehmen kommuniziert.

Der Abschluss des zweiten Trendradar-Zyklus bringt neue Herausforderungen mit sich. Dieses Mal kann zurückgeblickt werden, wie sich die Erkenntnisse des ersten Durchgangs im Unternehmen ausgewirkt haben. Sollte sich herausstellen, dass sich wenig verändert hat, ist die Verzahnung des Trendmanagements mit den anderen Unternehmensprozessen zu verbessern. Allerdings darf die Erwartungshaltung noch nicht zu groß sein. Die Etablierung einer neuen Aufgabe im Unternehmen ist ein Lernprozess, der nicht beim ersten Mal perfekt gelingen wird.

Der neue Trendradar wird sich inhaltlich nicht komplett verändert haben. Trendrelevanz und -reife verändern sich bei vielen Trends von Jahr zu Jahr nicht sehr stark. Trends, bei denen die im vorherigen Zyklus beschlossenen Maßnahmen im Unternehmen greifen, müssen im aktuellen Zyklus weniger stark diskutiert werden. Der Fokus rückt nun auf die (wenigen) Trends mit großen Bewegungen im Radar und natürlich auf die neu hinzugekommenen Trends.

Kontinuierliche Weiterarbeit

Mit der Zeit werden sich im Unternehmen zu den besonders relevanten Trends eigenständige Teams entwickeln, die über die Umsetzung der beschlossenen Maßnahmen viel Wissen und Erfahrung anhäufen. Möglicherweise entsteht ein auf die Trendentwicklung abgestimmtes Angebotsportfolio, das kontinuierlich weiterentwickelt wird. Damit hat das Trendmanagement wichtige Veränderungen erreicht und kann sich verstärkt anderen Trends zuwenden.

So widmet sich das Trendteam zunehmend jüngeren Trends, die noch keinen direkten Einfluss auf das Unternehmen haben und mit denen sich daher kein bestehender Unternehmensbereich auseinandersetzen wird. Diese bleiben so lange in der Zuständigkeit des Trendteams, bis sie weiter gereift sind und konkrete Ansätze für das Unternehmen entwickelt wurden.

Mit der Operationalisierung eines Trends wechseln gelegentlich auch Mitglieder des Trendteams in den Bereich, der das Thema weiterführt. Neben einer interessanten beruflichen Weiterentwicklung des Mitarbeiters wird so auch ein guter Wissenstransfer gewährleistet.

So entwickelt sich das Trendmanagement von Zyklus zu Zyklus weiter. Dies muss es auch, denn hat die Einführung von Trendradar und Trendstudien anfangs noch für viel Aufmerksamkeit gesorgt, so verfällt der Reiz des Neuen schnell. Die Qualität der Inhalte ist das Einzige, was bleibt und die Trendarbeit rechtfertigt.

Gleichzeitig gewinnt auch das Unternehmen mehr Sicherheit im Umgang mit Trendinformationen. Erfolgreiche Prozesse etablieren sich, weniger erfolgreiche werden angepasst. Wo anfangs noch großer Diskussionsbedarf bestand, werden viele Abläufe zur Selbstverständlichkeit. Eine regelmäßige Abstimmung zwischen Trendteam und Entscheidern zeigt erforderliche Veränderungen auf. Nicht zuletzt kommt es immer wieder zu personellen Veränderungen im Unternehmen. Die neuen Personen müssen sich mit den Abläufen erst vertraut machen, haben andere Informationsbedürfnisse und bringen neue Ideen ein. Das Trendmanagement muss sich kontinuierlich weiterentwickeln.

> Der hier beschriebene Ablauf ist in der Praxis typisch, auch wenn die individuelle Ausgestaltung sehr unternehmensspezifisch sein wird. Auch andere Vorgehensweisen kommen vor, insbesondere wenn es im Unternehmen anfangs bereits einzelne Aspekte eines Trendmanagements gibt, auf denen aufgebaut werden kann.

9.3 Entscheidungen herbeiführen

Die Diskussion im Kreis der Entscheider ist der Zeitpunkt, an dem die Erkenntnisse aus der Trendarbeit Eingang in das Unternehmen finden. Die Herausforderung dabei ist, die Vielzahl der relevanten Erkenntnisse auf wenige, entscheidende Kernaussagen zu reduzieren oder bei Impulsen die wirklich bedeutenden oder überraschenden Themen in den Vordergrund zu stellen. Steckt in der Trendanalyse auch noch so viel Arbeit, diese Kernaussagen sind die Grundlagen unternehmerischer Entscheidungen. Entsprechend viel Aufmerksamkeit muss deren Identifikation und Ausformulierung gewidmet werden. Alle weiteren Details dienen der argumentativen Unterfütterung der Kernaussagen.

Um kein falsches Gefühl der Sicherheit zu erwecken, sind die mit dem Blick in die Zukunft untrennbar verbundenen Unsicherheiten deutlich herauszustellen. Das kann durch eine Auflistung von unterstützenden und gegenläufigen Erkenntnissen zu jeder Kernaussage erreicht werden, die in einer groben Klassifikation der Sicherheit der Aussage (etwa: hoch, mittel, gering) resultiert. Im Fall unterschiedlicher Einschätzungen der anwesenden Personen stärkt eine solche Aufstellung die eigene Argumentation.

Der große Mehrwert der Trendanalyse liegt im Erkennen von zukünftigen Entwicklungen, die im normalen Unternehmensalltag nicht präsent sind. Diese Ergebnisse, da noch nicht sichtbar und vielen Personen noch nicht bewusst, können im Kreis der Entscheider zunächst auf Widerstand stoßen. Die Tatsache, dass Menschen gerne nach Bestätigung ihres Weltbilds suchen, führt gelegentlich zu schwierigen Diskussionen. Eine transparente Methodik der Trendanalyse, verbunden mit einer klaren Argumentation der Erkenntnisse, kann auch Aussagen über die Zukunft eine hohe Überzeugungskraft geben. Nur wenn die wesentlichen Personen überzeugt sind, werden Entscheidungen nicht nur getroffen, sondern auch umgesetzt.

Damit dieser Prozess funktioniert, müssen unterschiedliche Herausforderungen gezielt adressiert werden:

Individueller Erfahrungshintergrund
Die meisten Entscheider kennen viele Trends aus unterschiedlichen Quellen und haben sich bereits eigene Meinungen gebildet, die gelegentlich deutlich von der Bewertung des Trendteams abweichen. Unterschiedliche Meinungen der Entscheider können zu langwierigen Diskussionen über die „richtige Bewertung" eines Trends führen, die aufgrund der unscharfen Informationen keine eindeutige Antwort finden. Schlimmstenfalls kann es dazu führen, dass die Trendbewertung generell in Frage gestellt wird.

Um diese Situation zu vermeiden, muss die Methodik der Trendanalyse, die zur Bewertung der einzelnen Trends führt, von den Entscheidern verstanden und akzeptiert sein. Mit dem Vertrauen in die solide Methodik und auch in das durchführende Trendteam werden von der eigenen Meinung abweichende Ergebnisse leichter angenommen. Die Trendbewertung wird so zu einer akzeptierten Informationsquelle für die Entscheidungsfindung.

Akzeptanz von Empfehlungen
Ist die Methodik akzeptiert und wird das Ergebnis als valide angesehen, so stellt sich die Frage, welche konkreten Maßnahmen daraus abzuleiten sind. Die sehr allgemeinen Empfehlungen der Trendanalyse geben dabei die grundlegende Richtung vor, schränken gleichzeitig aber den Hand-

lungsspielraum der Entscheider ein. Daher muss auch die Methodik zur Ableitung der Empfehlungen transparent und akzeptiert sein.

Zeitliche Verfügbarkeit der Entscheider
Das Management vieler Unternehmen ist stark in das operative Tagesgeschäft eingebunden. Neben regelmäßig stattfindenden Informations-, Abstimmungs- und Entscheidungsrunden erfordern vielfältige dringende Themen die Aufmerksamkeit. Zudem wird der Erfolg einer Führungskraft häufig über eine persönliche Zielvereinbarung an kurz- und mittelfristigen Finanzkennzahlen gemessen, was sich direkt auf die Höhe der Bonuszahlung auswirkt. Unabhängig davon, aber mit geringerem Zeitdruck, muss (und will) das Management auch den langfristigen Erfolg des Unternehmens sicherstellen.

Für das Trendteam ergibt sich daraus die Aufgabe, die knappe verfügbare Zeit im Kreis der Entscheider möglichst effektiv zu nutzen, Informationen transparent und gut verständlich aufzubereiten und mit zielführenden Formaten gute Entscheidungen herbeizuführen. Gelingt dies, arbeitet auch das Management gerne mit dem Trendteam zusammen.

Abgleich mit dem Stand im Unternehmen
Die Konkretisierung einer Handlungsempfehlung erfordert den Abgleich mit dem Stand des Unternehmens im betrachteten Thema. In großen Unternehmen gibt es oft zahlreiche laufende Aktivitäten und Erkenntnisse aus früheren Projekten, die in verschiedenster Form für die Empfehlung relevant, aber meist sehr verstreut und nicht immer transparent sind. Der gegenwärtige Zustand im Unternehmen bildet die Grundlage, auf der die Handlungsempfehlung aufsetzen muss. Daher müssen vorhandene Aktivitäten systematisch identifiziert und ausgewertet werden, was nicht selten durch das Trendteam selbst getan wird.

Schon die Transparenz der laufenden Aktivitäten ist ein großer Mehrwert, auch unabhängig von der eigentlichen Entscheidungsfindung. Oft werden dadurch Akteure miteinander bekannt und vernetzt, die bisher voneinander nichts gewusst haben. Zudem werden Personen identifiziert, die aufgrund ihrer Vorerfahrung bei der Umsetzung der Entscheidungen eine wichtige Rolle einnehmen können.

Ableitung konkreter Maßnahmen

Neben der reinen Trendbetrachtung spielen für strategische Entscheidungen viele weitere Faktoren eine Rolle:

- *Selbstverständnis:* Ist das Unternehmen ein Trendsetter und Innovator und greift neue Entwicklungen als Erster auf? Agiert es eher als Fast Follower und wird aktiv, wenn sich neue Möglichkeiten bereits bewährt haben? Oder wartet es als Late Follower ab, bis sich ein neues Angebot etabliert hat, um dann die steigende Nachfrage mit einem passenden Angebot zu bedienen? Das eigene Selbstverständnis prägt die Denkweise des Managements, spiegelt sich aber auch in den Prozessen und Fähigkeiten eines Unternehmens wider. Handlungsempfehlungen, die nicht zum Selbstverständnis eines Unternehmens passen, werden auf größere Widerstände stoßen und müssen daher viel genauer argumentiert werden.
- *Unternehmensperspektive:* Vieles, was aus Sicht der Trendanalyse chancenreich aussieht, kann aus einer übergreifenden Perspektive weniger interessant sein. So kann auf eine Produktchance verzichtet werden, wenn dadurch eine Wettbewerbssituation zu wichtigen Geschäftspartnern entstehen würde oder begleitende Investitionen, etwa in den Aufbau erforderlicher Vertriebs- und Servicestrukturen, zu hoch wären. Auch eine bewusste Beschränkung auf bestimmte Teile der Wertschöpfungskette, wie etwa der Verzicht auf den Endkundenmarkt, zählt dazu. Dadurch verlieren zunächst interessant erscheinende Trendentwicklungen für ein Unternehmen an Relevanz.
- *Ausgangssituation:* Erkenntnisse aus der Trendanalyse treffen auf eine bestehende Unternehmenssituation mit vielfältigen Projekten und Aktivitäten, Kompetenzen, Maschinen und Anlagen. Je besser die vorhandene Situation zu den erkannten Chancen passt, desto kürzer ist die Umsetzungszeit und umso höher die Erfolgswahrscheinlichkeit. Diese Erkenntnisse sind also deutlich attraktiver und sollten entsprechend höher priorisiert werden.
- *Wettbewerbssituation:* Unternehmerische Entscheidungen hängen auch vom konkreten Wettbewerbsumfeld ab. Die Stärken und Schwächen der Wettbewerber im Vergleich zum eigenen Unternehmen sowie deren Positionierung und Aktivitäten sind bei der Bewer-

tung der Erkenntnisse zu berücksichtigen. Andere Unternehmen sind möglicherweise technologisch so weit voraus, dass ein eigenes Angebot nur schwerlich erfolgreich sein wird. Möglicherweise haben sie auch einen besseren Zugang zu wichtigen Lieferanten, Rohstoffen oder Marktsegmenten. Eine eigene vorteilhafte Positionierung kann dazu führen, bestimmte Trenderkenntnisse bevorzugt anzugehen.
- *Wirtschaftliche Situation:* Nicht alle Erkenntnisse können unmittelbar im Unternehmen umgesetzt werden, da die finanziellen und personellen Ressourcen eines Unternehmens begrenzt sind. Eine Priorisierung und die zeitliche Staffelung der Aktivitäten sind erforderlich. In wirtschaftlich schwierigen Zeiten werden die verfügbaren Budgets knapper, weniger Projekte können durchgeführt werden. Für die verbleibenden Aktivitäten gilt dann ein anderer Maßstab, etwa ein kurzfristiger Return on Invest. Projekte müssen einen schnellen Ergebnisbeitrag liefern, längerfristige oder unsichere Chancen werden zurückgestellt.

Diese Beispiele zeigen, dass unternehmerische Entscheidungen nicht allein aus der Trendperspektive getroffen werden können. Sie erfordern immer einen Abgleich mit der aktuellen, spezifischen Situation des Unternehmens. Im Kreis der Entscheider sollten alle relevanten Informationen zusammenkommen, um in der Gesamtbetrachtung das bestmögliche Ergebnis zu erzielen.

9.4 Handwerkliche Tipps

Umfangreiche Recherchen, präzise Analysen, systematisch abgeleitete Erkenntnisse und gut argumentierte Empfehlungen sind wichtige Voraussetzungen für zukunftsfeste unternehmerische Entscheidungen des Managements. Aufgrund der mit einer unbestimmten Zukunft einhergehenden Unsicherheit können aber aus Trendanalysen keine im mathematischen Sinne richtigen Konsequenzen abgeleitet werden. Um als Trendteam dennoch erfolgreich zu sein und positive Änderungen in einem Unternehmen zu bewirken, sind die folgenden Praxistipps hilfreich. Einige davon wurden bereits in den vorherigen Kapiteln erwähnt, sollen an dieser Stelle aber noch einmal zusammengefasst werden.

Das Trendteam verantwortet die Trendbewertung
Das Trendteam hat die Hoheit über die Bewertungssystematik und stellt darüber eine möglichst objektive Trendanalyse sicher. Das Wissen und die Einschätzung einzelner Personen wird als Information im Bewertungsprozess aufgenommen, dann aber, wie jede andere Information auch, kritisch hinterfragt. Dadurch wird die subjektive Verzerrung der Bewertung durch Einzelmeinungen vermieden.

Wissen im Unternehmen aufgreifen
Mit jedem neuen Trend muss sich das Trendteam in ein weiteres, bisher unbekanntes Thema einarbeiten. Gerade in größeren Unternehmen ist zu fast allen Trends bereits Wissen in den Köpfen verschiedener Mitarbeiter vorhanden, auch wenn diese nicht immer einfach zu identifizieren sind. Das Aufgreifen vorhandenen Wissens erleichtert nicht nur die Trendanalyse, es vermeidet auch, dass sich diese Personen später gegen die Ergebnisse aussprechen, da sie sich nicht berücksichtigt oder sogar übergangen fühlen. Umgekehrt können diese Personen aufgrund ihres Vorwissens bei der Umsetzung künftiger Maßnahmen hilfreich sein.

Erkenntnisse sind noch keine Handlungsempfehlungen
Eine Trendanalyse befasst sich im ersten Schritt mit den Entwicklungen außerhalb des Unternehmens und liefert wichtige Einsichten in die Entwicklung eines Trends und dessen Einfluss auf das Unternehmen. Der eigentliche Nutzen der Analyse entsteht aber erst beim Abgleich mit der spezifischen Situation des Unternehmens, für den detailliertes Wissen über die einzelnen Unternehmensbereiche, deren Stärken und Schwächen und aktuellen Tätigkeiten erforderlich ist.

Dieser Abgleich ist nicht unbedingt Aufgabe des Trendteams. Das Team muss aber Treiber des Prozesses sein und dafür sorgen, dass die unternehmensspezifische Interpretation stattfindet. Erst die konkreten, aus der Trendanalyse abgeleiteten Maßnahmen rechtfertigen den Aufwand der Analyse und damit die Existenz des Trendteams.

Entscheider entscheiden, nicht das Trendteam
Die Wirksamkeit einer Trendanalyse hängt davon ab, wie gut die jeweiligen Entscheider von den Erkenntnissen überzeugt werden können. Das erfordert ein gutes Zusammenspiel zwischen dem Trendteam und den Entscheidern sowie eine spezifisch auf die Zielstellung und Kriterien der Entscheider abgestimmte Argumentation. Erwartbare Rückfragen können bereits vorab in den erstellten Unterlagen adressiert werden.

Früh Akzeptanz schaffen
Damit Handlungsempfehlungen ernsthaft in Erwägung gezogen werden, dürfen die Erkenntnisse der Trendanalyse nicht angezweifelt werden. In jedem Unternehmen gibt es Personen mit hervorgehobener Bedeutung, da sie aufgrund ihrer Funktion wichtige Entscheidungen treffen können oder durch ihre akzeptierte Kompetenz und Vernetzung im Unternehmen Meinungsbildner sind. Der frühe Einbezug dieser Personen im Prozess der Trendbewertung erhöht die spätere Akzeptanz der Ergebnisse. Im besten Fall wird das finale Ergebnis der Analyse schon bei Veröffentlichung von mehreren Stellen der Organisation mitgetragen.

Handlungsempfehlungen abstimmen
Handlungsempfehlungen sind Vorschläge konkreter Aufgaben und Tätigkeiten, die das Unternehmen durchführen sollte. Damit nehmen sie Einfluss auf die Arbeit von Personen oder Bereichen, die später mit der Ausführung betraut werden. Um eine reibungslose Umsetzung zu fördern, können diese Stellen frühzeitig in die Ausarbeitung der Handlungsempfehlungen eingebunden werden. Neben der höheren Akzeptanz wird so auch sichergestellt, dass die Empfehlungen realistisch und im Rahmen der vorhandenen Unternehmensmöglichkeiten umsetzbar sind. Dabei dürfen allerdings keine Kernaussagen der Trendanalyse durch die Eigeninteressen der jeweiligen Personen und Bereiche verwässert werden.

Adressaten-spezifische Kommunikation
Trendstudie und Trendradar sind typische Produkte des Trendmanagements und dokumentieren die wesentlichen Erkenntnisse. Für die meis-

ten spezifischen Fragestellungen sind aber jeweils nur bestimmte Ausschnitte und Teilergebnisse relevant. In der Kommunikation werden daher die Informationen individuell auf die konkrete Zielgruppe zugeschnitten und spezifisch an die jeweils relevanten Bereiche kommuniziert.

Keine Angst vor polarisierenden Aussagen
Manche Erkenntnisse einer Trendanalyse werden gängigen Meinungen im Unternehmen widersprechen. Entwicklungen, die etablierte Sicht- und Vorgehensweisen in Frage stellen, werden schwer akzeptiert, ihr Einfluss heruntergespielt. Mögliche disruptive Entwicklungen werden aufgrund ihrer geringen Eintrittswahrscheinlichkeit vielleicht ignoriert. Dann ist es schwer, als Trendteam Gehör zu finden. Umso wichtiger ist es, die Erkenntnisse klar und deutlich zu kommunizieren. Polarisierende und auch provokative Formulierungen können ein Aufrütteln bewirken und Diskussionen anstoßen. Gerade bei großen Veränderungen ist eine frühzeitige Akzeptanz des Neuen die beste Voraussetzung für eine erfolgreiche Zukunft.

Strukturen für die Umsetzung von Empfehlungen schaffen
Nicht jede Handlungsempfehlung kann mit den bestehenden Möglichkeiten des Unternehmens umgesetzt werden. Je stärker die aktuelle Ausrichtung eines Unternehmens in Frage gestellt wird, desto schlechter eignen sich die etablierten Strukturen für die Umsetzung. Für solche Themen müssen geeignete Wege der Umsetzung geschaffen werden. Oft sind dies neue Teams, die disruptive Entwicklungen zunächst losgelöst vom aktuellen Geschäft bis zu einem definierten Reifegrad vorantreiben. Das Ermöglichen sinnvoller Rahmenbedingungen ist Aufgabe des Managements. Das Trendteam muss in seiner Rolle auf die Notwendigkeit hinweisen und den Prozess anstoßen.

> Zusammenfassend muss die Trendanalyse methodisch solide, nachvollziehbar und transparent sein. Sie muss für das Unternehmen relevant sein und sich darauf fokussieren, positive Veränderungen zu bewirken. Das Ergebnis sind klare, realistische und für das Unternehmen spezifische Empfeh-

lungen an die jeweils relevanten Entscheider. Erst mit der Umsetzung der Empfehlungen im Unternehmen hat das Trendmanagement sein Ziel erreicht.

9.5 Künstliche Intelligenz im Trendmanagement

Künstliche Intelligenz (KI) wird im Trendmanagement schon seit geraumer Zeit eingesetzt. Einige kommerziell verfügbare Trenddatenbanken werden bereits automatisch mit Informationen gefüttert, die mit Hilfe von künstlicher Intelligenz analysiert und strukturiert werden. Auch bei der Internetsuche hilft KI, die Suchergebnisse nach Relevanz zu sortieren. Bisher arbeitet KI jedoch im Hintergrund und bleibt dem Nutzer verborgen.

Dies hat sich im November 2022 mit der Veröffentlichung von ChatGPT (Chat Generative Pre-trained Transformer) der Firma OpenAI geändert. ChatGPT ist eine KI-Anwendung, die auf in normaler Sprache formulierte Fragen ausformulierte Texte liefert und dabei auf die riesigen Datenmengen des Internets zurückgreift. Seitdem vergeht kaum eine Woche, in der nicht ein weiteres KI-Tool mit neuen Eigenschaften vorgestellt wird. Inzwischen erschaffen KI-Programme wie etwa DALL-E

Bilder anhand einer eingegebenen Beschreibung oder komponieren selbstständig Musik, wie das Programm Soundful

Durch die breite Verfügbarkeit im Internet und die natürliche Kommunikation über Sprache kann nun jeder Anwender auch ohne Programmierkenntnisse die Leistungsfähigkeit künstlicher Intelligenz für sich nutzen. Im Trendmanagement gibt es dazu viele Anwendungsbereiche.

Bereits die Suche nach Trends oder die Recherche von Informationen zu einem Trend wird deutlich erleichtert. Anstatt über Stichwortsuchen eine Liste von Links zu erhalten, die dann nacheinander durchgesehen und gelesen werden müssen, können geeignete KI-Anwendungen bereits ausformulierte Texte generieren. Die Fleißarbeit der Literaturrecherche wird durch die Aufgabe ersetzt, geeignete Fragen zu formulieren, um sinnvolle Antworten zu generieren. Professionelle KI-Programme können auch in fremdsprachigen Quellen recherchieren und gestellte Fragen danach wieder in der Ausgangssprache beantworten.

Die maschinelle Übersetzung von Texten funktioniert schon seit einiger Zeit recht gut und ersetzt bei einfachen Dokumenten immer häufiger den professionellen Übersetzer. Auch die Erstellung professioneller Dokumente wird durch KI unterstützt, sei es beim Layout oder bei der Generierung aussagefähiger Grafiken und Bilder.

Diese Möglichkeiten sind allerdings mit Vorsicht zu genießen. Der richtige Umgang mit künstlicher Intelligenz erfordert Übung und Erfahrung. Pauschale Fragen führen zu banalen Antworten. Wirklich spannende Informationen verlangen nach gut formulierten Fragen. Und auch für ein geeignetes Bild zur Illustration ist viel Fingerspitzengefühl in den Anweisungen gefordert.

Die entscheidenden Herausforderungen liegen jedoch tiefer. Die Ergebnisse künstlicher Intelligenz basieren auf den Daten, mit denen sie trainiert wurde und auf die es Zugriff hat. Schlechte Daten führen zu schlechten Resultaten. Eine KI kann in der Regel nicht zwischen Fake News und Fakten unterscheiden. Je häufiger eine Information auftaucht, desto wahrer wird sie in der Regel von der KI eingeschätzt. Zudem kommt es bei künstlicher Intelligenz immer wieder zu sogenannten Halluzinationen, überzeugend formulierten Antworten, die aber faktisch falsch sind. Woher wissen wir also, dass eine Antwort auf unsere Fragen der Wahrheit entspricht?

Dazu gibt es zwei Ansätze: Zum einen kann die Qualität der Daten sichergestellt werden. Wenn die KI nur auf vertrauenswürdige Daten zugreift, werden mit hoher Wahrscheinlichkeit auch die Ergebnisse vertrauenswürdig sein. Allerdings beschränkt man sich dann auf eine kleine Wissensbasis. Überraschend neue Ergebnisse werden so kaum gefunden. Es kann aber der eigene Leseaufwand reduziert werden.

Andererseits kann die Qualität der von der KI gelieferten Informationen im Nachhinein überprüft werden. Dabei hilft, dass immer mehr Anwendungen auch ihre Informationsquellen angeben. Der breiteren Informationsbasis steht somit ein erhöhter Aufwand gegenüber.

Künstliche Intelligenz birgt zudem die Gefahr, aktuelle Konsensmeinungen wiederzugeben und damit den Status quo zu verfestigen. Frühe Anzeichen neuer Entwicklungen, die schwachen Signale, tauchen definitionsgemäß selten auf und werden dadurch einfach aussortiert. Das vorherrschende Weltbild wird zementiert, abweichende Pfade werden unterdrückt. Die für einen Trendmanager spannendsten Informationen sind also meist nicht sichtbar.

Jenseits aller Herausforderungen bieten heutige KI-Anwendungen bereits großen Nutzen. Sie erschließen die nahezu unbegrenzten Informationen des Internets und großer Datenbanken. Damit können sie grundlegende Recherchen durchführen, neue Perspektiven aufzeigen und Denkanstöße geben. Dies wird zu einer dramatischen Beschleunigung der Recherche- und Analysephase bei gleichzeitiger Zeit- und Kostenersparnis führen. Künstliche Intelligenz entwickelt sich zunehmend zu einer Art Assistent, der dem Trendmanager viele Teilaufgaben abnimmt, aber nach wie vor einer intensiven Überwachung bedarf.

Professionelle Dienstleister haben bereits erste KI-Algorithmen in ihre Plattformen und Produkte integriert. Auf Unternehmensebene wird derzeit viel experimentiert. Da sich die Leistungsfähigkeit der Künstlichen Intelligenz weiterhin rasant entwickelt, werden sicherlich einige der heutigen Probleme verschwinden. Bis jedoch komplette Trendstudien automatisiert werden können, wird es voraussichtlich noch einige Jahre dauern. Und selbst dann wird ein Trendmanager immer noch die unternehmensspezifische Interpretation der Ergebnisse vornehmen und für deren Wirksamkeit sorgen müssen.

Ihr Transfer in die Praxis

- Identifizieren Sie im Unternehmen Bereiche, die von einem systematischen Trendmanagement profitieren würden und legen Sie in Gesprächen die Zielsetzung fest.
- Bilden Sie ein der Zielsetzung angemessenes Trendteam und schaffen Sie die erforderlichen Rahmenbedingungen für dessen Arbeit.
- Definieren Sie ein erstes Zwischenziel, etwa die Erstellung eines Trendradars, und geben Sie dem Trendteam ausreichend Zeit für seine Arbeit. Bedenken Sie dabei, dass die Ausarbeitung des ersten Entwurfs mehrerer Iterationen bedarf.
- Arbeiten Sie agil und diskutieren Sie Teilergebnisse der Methodik und Ausarbeitung regelmäßig mit verschiedenen Personen.
- Damit ist das Trendmanagement gestartet und kann sich kontinuierlich weiterentwickeln.

Literatur

1. OpenAI (o. J.). ChatGPT. https://chat.openai.com. Zugegriffen: 10.03.2024
2. OpenAI (o. J.). DALL-E 2. https://openai.com/dall-e-2. Zugegriffen: 10.03.2024
3. Soundful (o. J.). AI-Musik Generator. https://soundful.com. Zugegriffen: 10.03.2024.

10

Ein Wort zum Schluss

Praktiker des Trendmanagements erzählen regelmäßig beeindruckende Erfolgsgeschichten von Trendanalysen, die zu wichtigen neuen Produkten geführt oder die strategische Ausrichtung eines Unternehmens verändert haben. Wissenschaftliche Studien (z. B. [4]) zeigen, dass dies keine Einzelfälle sind. Unternehmen, die sich systematisch mit der Zukunft auseinandersetzen, sind wirtschaftlich erfolgreicher!

Dabei ist es nicht unbedingt das Wissen um die Trends, das den Unterschied ausmacht. Mindestens ebenso wichtig ist die Interpretation im unternehmensspezifischen Kontext und die Überzeugungsarbeit, die geleistet werden muss, um den Erkenntnissen konkrete Taten folgen zu lassen [5]. Steht im akademischen Umfeld das Wissen an sich im Vordergrund, so sind im unternehmerischen Umfeld die Elemente entscheidend, die letztlich Wirkung erzeugen.

Mit dem Trendmanagement haben Sie eine Methode kennengelernt, um mit dem Wissen von heute die Zukunft besser zu verstehen. Es ist aber nur eine Vorgehensweise aus dem großen Methodenkoffer der Zukunftsforschung [1].

Die Trendanalyse hat ihre Stärke in Veränderungen, deren Anzeichen wir heute bereits erkennen können und deren Rahmenbedingungen gut einschätzbar sind [2]. Je besser Sie den Trendmikrokosmos aus Kap. 5 ausfüllen können, desto geeigneter ist die Trendanalyse für Ihre Fragestellung. Auf dieser Grundlage können heute schon sichtbare Veränderungen in die Zukunft gedacht werden.

Mit zunehmender Unsicherheit und Komplexität einer Veränderung wird auch die Extrapolation heutigen Wissens in die Zukunft unsicherer. Dann sind Ansätze vorteilhaft, die Unsicherheiten in den Vordergrund stellen, beispielsweise die in Kap. 5 erwähnte Szenariotechnik. Eine Kombination mehrerer Methoden ist die Königsdisziplin der Zukunftsforschung.

Nicht zuletzt muss auch das Management den Umgang mit unscharfem Zukunftswissen beherrschen. Der vernünftige Umgang mit Unsicherheit ist ein Teil davon. „Zukunftskompetenz regt die Vorstellungskraft an. Sie verbessert unsere Fähigkeit, uns angesichts des Wandels vorzubereiten, zu erholen und zu erfinden" schreibt die UNESCO [3] zum von ihr geprägten Begriff der *Zukunftskompetenz* (englisch: *Futures Literacy*). Und Zukunftskompetenz muss gelernt und praktiziert werden, um wirksam zu sein.

Es ist eine große Herausforderung, in einer dynamischen, komplexen Welt zukunftsfeste Entscheidungen zu treffen, insbesondere, da die Zukunft stark vom Zufall beeinflusst wird und heute logisch erscheinende Erkenntnisse morgen bereits wieder falsch sein können. Wenn dem aber so ist, worin genau liegt der Nutzen des Trendmanagements? Warum glauben wir, durch die Beschäftigung mit der Zukunft heute schon bessere Entscheidungen treffen zu können? Es ist der offene Blick auf zukunfts-beeinflussende Faktoren, der Chancen und Risiken klarer werden lässt, den Denkraum von Unternehmenslenkern erweitert und eine frühzeitige Initiative ermöglicht.

Bei der Trendanalyse geht es nicht um den Versuch des Unmöglichen, sondern um das Ausschöpfen des Möglichen. Dazu müssen Trendanalysten Experten der Methodik sein, um Denkfallen zu umgehen und handwerkliche Fehler zu vermeiden. Trendmanager müssen darüber hinaus die Kunst beherrschen, die mit der hohen Unsicherheit von Zukunftsbetrachtungen verbundenen Erkenntnisse für das Unternehmen nutzbar zu machen und positive Veränderungen zu bewirken.

Die Zukunft bleibt ungewiss, die eigene Zukunft aber wird besser.

Literatur

1. von der Gracht, H, et al. (2022) Management der Zukunft. Berlin: Springer Gabler
2. Blechschmidt, J (2023) Wie Zukunft entsteht. Zornheim: Independently published
3. UNESCO (o. J.) Futures Literacy. https://www.unesco.org/en/futures-literacy. Zugegriffen: 21.01.2024 (Übersetzung: DeepL)
4. Rohrbeck R, et al. (2018) Corporate foresight and its impact on firm performance: A longitudinal analysis. in: Technological Forecasting & Social Change 129, Elsevier
5. Calof, J, et al. (2024) Developing foresight that impacts senior management decisions. in: Technological Forecasting and Social Change 198, Elsevier

Printed in the USA
CPSIA information can be obtained
at www.ICGtesting.com
CBHW051941180824
13382CB00004B/151